キリスト教徒の
ひとりごと

李相寅

かんよう出版

はじめに

著者は、二〇一二年から韓国・大韓聖公会の派遣宣教師として日本聖公会九州教区所属の聖職者として働いている。

周りから日本と韓国での日常生活の違いは何かと聞かれる。日常生活では明らかな差があって、良い点や悪い点など様々な答えができる。しかし、聖職者としての悩みや志向にはあまり差がないと答える。なぜなら聖職者は日常生活と違う面に注目しているし、また注目すべきだと思うからである。

本書の第一部は「日常」、「見慣れない出来事」という二つの軸の関係を説明する。「日常」の観点から見ると日本人と韓国人の違いだけでなく、あらゆる人々が違う。「日常」を構築する環境が異なり、言語や文化が異なり、それぞれの状況や背景が異なる。

反面、「日常」からの「断絶」、「死」の境界線で起こる「見慣れない出来事」に対する感覚は、ある程度同じと言えるだろう。このような感覚を中心に、「日常」が異なる私たちを理解しようということである。このような理解が聖書の物語、キリスト教や教会の聖霊の歴史にあるということを私の経験を交えてこの本に書こうと思った。

本書の第二部は、著者の大学院修士論文「滝沢克己の不可逆神学に関する研究―形成過程と解釈学的理解をめぐって―」である。この論文は、哲学者であり神学者である滝沢克己の「不可逆神学」に関するものである。著者は「見慣れない出来事」を、連続的な人類の歴史と伝統の中で整理された一つの思潮、哲学に根拠を見出そうとし、それが滝沢克己の不可逆神学であることに気づかされた。本書を論文と一緒に読んでいただければ、「見慣れない出来事」に対する理解がより普遍的で、歴史的だということを確認していただけるであろう。

二〇二一年十二月

ミカエル　李相寅

目　次

目　次

第1部　キリスト教徒のひとりごと

1　キリスト教徒の言い訳

著者は平凡な一般家庭の中で生まれた。一般家庭というものには何らかの定義が必要だろう。著者が考える韓国での一般家庭とは、家父長的であり権威的なコミュニケーションと、物質の所有によるやりがいと安定を得る家庭である。程度の差があるだけで、このようなコミュニケーションの仕方、やりがいと安定の志向性は韓国人の家庭を構成する基本的な要素である。

家庭というのは、ある場所と時代、ある親と家族というように、自分の選択権なしに生まれた自然的な要素と、人間が作り出した人為的な多様なシステムと体系の影響を受けた最小限の共同体だと言える。このような自然性と人為性が結合した家庭は、「日常」におけるある因果律的な考え方や価値観を持っており、それは意識と無意識の間に位置づけられる。また、それは学校や会社、国や社会とも互いに影響を与えつつ、深くかかわっている。

このような自然性と人為性で結びつく韓国人の特性をチョン・スボク博士は韓国人の「根本的文法の構成要素」[1]と称し、以下のように定義した。そしてその根拠は、朝鮮時代の儒教と、一般民衆が信じる巫教、近代以降の西洋文化、西洋文物の流入の影響などであると分析している。

1　現世的物質主義：この世の物質的幸せを人生の最高価値に据えた価値観
2　感情優先主義：合理性と原則より情緒と感情を優先する傾向
3　家族主義：他のどの所属集団よりも家族の利益を最優先する考え方
4　縁故主義：地縁、血縁、学閥等の家族を越えた共同体への理解
5　権威主義：力による垂直的な人間関係
6　葛藤回避主義：対立的状況が与える心理的負荷に対する拒否

韓国人のこのような因果律的な考え方と価値観は、一方で問題点と克服の対象に、他方では憧れと守りの対象になってきた。

著者が指摘したいのは、このような考えと価値観は、簡単にやめたり、変えたりできるものではないということである。これはある政治的立場、ある地域の出身、ある性別に関係なく、韓国人であればほとんどの人が持つ属性で、意識と無意識の間に自然に形成されているものだからである。

これを問題点と克服の対象と考える側も、自分の中のこのような姿を認めなければならないだろう。それを認めず、それに対する批判や変化を語ることは偽善であり、精神分析学から見れば、それらの問題点を自ら克服できないことに対する自分自身への怒りの裏返しに過ぎないとも言え

る。

　同時に著者は、これを善悪の問題として扱うべきではないと考える。なぜなら、どちらか一方が善になればそれは絶対化され、その反対の考えと価値観は悪と評価され排除の対象にならざるを得ないからである。

　したがって、このような韓国人の「根本的な文法の構成要素」は、韓国人自らが意識として表現するとともに、互いに認めなければならないし、同時に互いに警戒しなければならないという共感の基準、領域を形成することが重要と考える。

　しかし、その共感の基準、領域を作ることは決して容易ではない。多くの人々がその共感の基準、領域の重要性を主張しながらも、結局は抽象的で漠然とした多様性の強調とか、既存のある政治的軸、領域の利益のための修辞学として利用する場合が少なくない。

　著者は、その共感の基準、領域が、因果律的な「日常」から離れた新たな次元の視線、解釈の枠組みとして作られると考える。著者はその視線、枠組みを宗教、特にキリスト教に探してみたい。韓国の一般家庭に生まれ育った著者は、偶然教会に通うことになった。教会では，権威的なコミュニケーションや物質を通じたやりがい、安定とは違う話を聴いた。当時の私には、教会の牧師の説教、信者たちとの関係は、それらとはかけ離れているように聞こえた。

　その後、成人してから、教会も権威的なミュニケーションと物質を通じたやりがい、安定を追求する、むしろもっと煽る場合も多いということを知った。

最近の韓国社会で映る教会の姿は愚かで、諸問題の発生源のように見える。コロナ・ウイルス拡散の状況で見せた無責任で無神経なキリスト教徒の姿、光化門の道で見せる、米国に依存し米国の力を信じるキリスト教徒の姿、権威と物質に対する露骨な執着はキリスト教徒として恥ずかしい。

それにもかかわらず著者は、昔の自分の目と耳に映った教会に対する記憶と、キリスト教、教会が言おうとしている本来のことが何なのかを、著者の理解と信仰を土台に教会の外の人々に向けて説明したいと思う。そのため、検証されない論理や主張が数多くあるだろうという。懸念にもかかわらず、本稿を著した。その理由は、換言すれば、キリスト教徒として、キリスト教外の人々の理解と関心を少しでも多く得たいという欲求に起因している。つまり、キリスト教徒としての著者の弁証、いや、著者の言い訳になるだろう。

著者はその弁証、言い訳を、「見慣れない出来事」という観点で論考したいと思う。

2「見慣れない出来事」中心の解釈

（1）「見慣れない出来事」としてのイエス

キリスト教、教会はイエスに会い、経験し、証言する弟子たちによって始まった。彼らの大部分はイスラエルのユダヤ人で、ユダヤ教を土台にしたユダヤ秩序、文化の中にあった。また、当時イスラエルはローマの支配を受けていたため、ローマの秩序、文化の影響下にもあった。そんな彼らが、イエスを既存のユダヤ・ローマ秩序と文化と理解することができず、新しい存在として経験し、新しい単語と表現を使って証言しようとした理由があるだろう。

彼らにとってイエスは「日常」では経験したことのない、一つの「見慣れない出来事」なのである。イエスが「見慣れない出来事」として経験され、表現される根拠、始まりはイエスの「十字架の死」である。聖書はイエスの「十字架の死」の過程を弟子たち、周囲の人々、ユダヤ人、さらにはすべての人々の無理解と排斥の中の出来事として描いている。この「十字架の死」がユダヤ・ローマ秩序と文化という「日常」から離れた「見慣れない出来事」になる。

弟子たちはこの「見慣れない出来事」を意味深く解釈し始める。意味ある解釈を可能にした原動力は、イエスの「復活」である。「十字架の出来事」はユダヤ・ローマ秩序と文化という「日常」から外れたもので、通常は排斥されるべきものである。しかし、イエスの復活によって「十字架の出来事」は「日常」よりも重要な、「日常」を圧倒し、「日常」を越えたある力、実体、存在による「見慣れない出来事」になったのである。

弟子たちがイエスを「神と同行する方」、「神の子」だと証言する理由、聖書やキリスト教、教会が主張するイエスの優越性は、「十字架の死」と復活という「見慣れない出来事」をもたらした存在との関係を理解した結果と言えるだろう。

キリスト教、教会の歴史において弟子たち以外のもう一人の重要な人物がいる。彼はイエスを直接経験しなかったパウロである。彼はユダヤ出身だがギリシャ・ローマ哲学を学んだローマ人でもあった。もともと彼は、既存のユダヤ・ローマ秩序と文化を維持するために最善を尽くした人である。そんな彼にとってイエスに関する弟子たちの話は、既存の秩序と文化を脅かすように聞こえ、それで彼らを抑圧したのである。

そんな彼がダマスカスという所で天からの声を聞き、視力を失い、再び回復する「見慣れない体験」をすることになる。この「見慣れない体験」により、弟子たちが話すイエスを理解し始める。イエスの優越性に関する彼の証言は、このような「見慣れない出来事」としてのイエスである。

パウロはそんなイエスを、「すべての人間、すべての存在がつながり、通用するものを見つけようとする普遍・存在哲学」であるギリシャ・ローマ哲学を利用して説明する。世の中（日常）と対比される絶対的で、変化せず、永遠で、純粋な、普遍的なイデア（神）をイエスの優越性と結びつけて話した。

ローマの信徒への手紙　1章

18 不義によって真理の働きを妨げる人間のあらゆる不信心と不義に対して、神は天から怒りを現されます。
19 なぜなら、神について知りうる事柄は、彼らにも明らかだからです。神がそれを示されたのです。
20 世界が造られたときから、目に見えない神の性質、つまり神の永遠の力と神性は被造物に現れており、これを通して神を知ることができます。従って、彼らには弁解の余地がありません。
21 なぜなら、神を知りながら、神としてあがめることも感謝することもせず、かえって、むなしい思いにふけり、心が鈍く暗くなったからです。
22 自分では知恵があると吹聴しながら愚かになり、
23 滅びることのない神の栄光を、滅び去る人間や鳥や獣や這うものなどに似せた像と取り替えたのです。
24そこで神は、彼らが心の欲望によって不潔なことをするにまかせられ、そのため、彼らは
互いにその体を辱めました。
25神の真理を偽りに替え、造り主の代わりに造られた物を拝んでこれに仕えたのです。造り
主こそ、永遠にほめたたえられるべき方です、アーメン。

ローマの信徒への手紙　5章

1このように、わたしたちは信仰によって義とされたのだから、わたしたちの主イエス・キ
キリストによって神との間に平和を得ており、
2このキリストのお陰で、今の恵みに信仰によって導き入れられ、神の栄光にあずかる希望
を誇りにしています。
3そればかりでなく、苦難をも誇りとします。わたしたちは知っているのです、苦難は忍耐を、
4忍耐は練達を、練達は希望を生むということを。
5希望はわたしたちを欺くことがありません。わたしたちに与えられた聖霊によって、神の
愛がわたしたちの心に注がれているからです。
6実にキリストは、わたしたちがまだ弱かったころ、定められた時に、不信心な者のために
死んでくださった。

7 正しい人のために死ぬ者はほとんどいません。善い人のために命を惜しまない者ならいるかもしれません。
8 しかし、わたしたちがまだ罪人であったとき、キリストがわたしたちのために死んでくださったことにより、神はわたしたちに対する愛を示されました。

パウロのこのような解釈で重要なのは、それが「日常」での「見慣れない出来事」から出発しているということである。だからこそ、絶対的で、変化せず、永遠で、純粋なものを探すために「日常」から分け、「日常」と違うことを強調した、観念的で二元論的なギリシャ、ローマ哲学とは違うと言える。

「見慣れない出来事」に基づくイエスの優越性は「日常」と対立しながらも、「日常」を変化させるある力の根拠、躍動的な概念である。

(2)「見慣れない出来事」としての死

著者は、「十字架の出来事」におけるイエスの死に続き、普遍的な人間の「死」についても一緒に考えてみようと思う。

「死」は人間の「日常」という観点から見ると「終わり、断絶」である。「日常」を生き抜く体の「終わり、断絶」でもあり、「日常」で暮らしながら作られたある因果律的な考えと価値観の「終わり、断絶」でもある。そのため「死」は日常で最も強力な「見慣れない出来事」と感じられる。

また、「死」というこの「見慣れない出来事」は、あらゆる人間が経験しなければならない世界で最も重大な真実であり事実である。そして、人間はこの「死」をあらかじめ考えてみることができる存在であり、ひいてはこの「死」を「日常」に持って来られる存在でもある。

著者は「日常」で「死」をあらかじめ考えさせて、「日常」に持って来るように誘導し、手助けするところが宗教だと考える。

宗教は「日常」の「終わり」、「日常」との「断絶」から始まり、それをテーマとする。

仏教はこうした「終わり、断絶」に集中し、それをより深く掘り下げる。祈りと修練により「日常」での関係、そこで構成される言語、脳の活動を絶ち、最終的には「空」のようなところに至る。そしてそこですべてのものの創造、生成、変化の原動力を発見する。

シャーマニズム、巫教も「終わり、断絶」について語る。死者への哀悼、聖と俗を分ける儀礼のようなものがこのような脈絡で理解できる。ただし、シャーマニズム、巫教はこのような「終わり、断絶」を優先していない。「日常」をより優先し、「日常」への回帰と維持が重要である。そこで「終わり、断絶」は「日常」の変化を求めない一回的な儀礼や感情的な解消で終わらせる。

ユダヤ教、キリスト教は「日常」とは異なる「見慣れない出来事」でこの「終わり、断絶」を語る。世の中（日常）と違う神は「見慣れない出来事」でご自分を現わす。その「見慣れない出来事」が「日常」の中の人間には神の審判になり、同時に神の救いになったりする。つまり、「見慣れない出来事」が中心となって「日常」を解釈し、「日常」に変化を求めることになる。

(3)「見慣れない出来事」から生まれる倫理、歴史

哲学者のポール・リクール(Paul Ricoeur, 1913-2005)[2]は、こうした「日常」で起こる「見慣れない出来事」を中心とした解釈、「日常」に変化を求める解釈で倫理が発生すると言う。この倫理はニーチェ[3]やフーコー[4]が指摘した「特定権力と力」を志向したり守るためのあるイデオロギーから始まる倫理ではない。また、人間が生まれながら、また以前から人間内部にすでに与えられたというカントの定言明法のような倫理でもない。

それは「日常」から「終わり、断絶」、「日常」で起こった「死」、すなわち「見慣れない出来事」と、それを排除せず、それを中心にして再び「日常」で生きていくために形成される自然な倫理である。彼はこうした倫理を「満ち溢れる倫理」と定義する。

リクールは、旧約聖書学者ゲルハルト・フォン・ラート(Gerhard von Rad, 1901-1971)[5]の本を引用しつつ、旧約聖書の預言者の「預言」に「見慣れない出来事中心の解釈」とそこから出てくる「満ち溢れる倫理」を見ることができると言う。

エジプト奴隷として出発したイスラエル、そして定着後も周辺諸国による数多くの侵略を受けたイスラエルは「日常」の「終わり、断絶」、「死」、「見慣れない出来事」の連続であった。こう

した「見慣れない出来事」を中心に、それに解釈を与えた人たちがイスラエルの預言者である。

預言者の「預言」はまず、「見慣れない出来事」を記憶させ、最後には「日常」に変化を求める倫理について語った。

エレミヤ書2章

1主の言葉がわたしに臨んだ。

2行って、エルサレムの人々に呼びかけ／耳を傾けさせよ。主はこう言われる。わたしは、あなたの若いときの真心／花嫁のときの愛／種蒔かれぬ地、荒れ野での従順を思い起こす。

3イスラエルは主にささげられたもの／収穫の初穂であった。それを食べる者はみな罰せられ／災いを被った、と主は言われる。

4ヤコブの家よ／イスラエルの家のすべての部族よ／主の言葉を聞け。

5主はこう言われる。お前たちの先祖は／わたしにどんな落度があったので／遠く離れて行ったのか。彼らは空しいものの後を追い／空しいものとなってしまった。

6彼らは尋ねもしなかった。「主はどこにおられるのか／わたしたちをエジプトの地から上らせ／あの荒野、荒涼とした、穴だらけの地／乾ききった、暗黒の地／だれひとりそこを通らず／人の住まない地に導かれた方は」と。

エレミヤ書31章

8 見よ、わたしは彼らを北の国から連れ戻し／地の果てから呼び集める。その中には目の見
えない人も、歩けない人も／身ごもっている女も、臨月の女も共にいる。彼らは大いなる
会衆となって帰って来る。
9 彼らは泣きながら帰って来る。わたしは彼らを慰めながら導き／流れに沿って行かせる。
彼らはまっすぐな道を行き、つまずくことはない。わたしはイスラエルの父となり／エフ
ライムはわたしの長子となる。
10 諸国の民よ、主の言葉を聞け。遠くの島々に告げ知らせて言え。「イスラエルを散らした方
は彼を集め／羊飼いが群れを守るように彼を守られる。」
11 主はヤコブを解き放ち／彼にまさって強い者の手から贖われる。
12 彼らは喜び歌いながらシオンの丘に来て／主の恵みに向かって流れをなして来る。彼らは
穀物、酒、オリーブ油／羊、牛を受け／その魂は潤う園のようになり／再び衰えることは
ない。
13 そのとき、おとめは喜び祝って踊り／若者も老人も共に踊る。わたしは彼らの嘆きを喜び
に変え／彼らを慰め、悲しみに代えて喜び祝わせる。
14 祭司の命を髄をもって潤し／わたしの民を良い物で飽かせると／主は言われる。
15 主はこう言われる。ラマで声が聞こえる／苦悩に満ちて嘆き、泣く声が。ラケルが息子た

ちのゆえに泣いている。彼女は慰めを拒む／息子たちはもういないのだから。
16主はこう言われる。泣きやむがよい。目から涙をぬぐいなさい。あなたの苦しみは報いられる、と主は言われる。息子たちは敵の国から帰って来る。
17あなたの未来には希望がある、と主は言われる。息子たちは自分の国に帰って来る。

このように預言者の「預言」は「見慣れない出来事中心の解釈」であり、世の中（日常）の変化を求める、正しい神による「満ち溢れる倫理」でもある。

人々は、このような「見慣れない出来事中心の解釈」を連続的だと理解した。「日常」の連続でなく、逆説的に「日常」の「終わり、断絶」を連続で理解した。そしてそれが世の中を創造し変化させる神による「歴史」である。

これは「見慣れない出来事中心の解釈」を持続可能にする根源的な枠組みとなる。

「日常」→「日常」の「終わり、断絶」、「死」:「見慣れない出来事」→「見慣れない出来事」中心の解釈:「日常」の変化を要求する解釈 → 正しい神による「満ち溢れる倫理」→ 創造主の神による「歴史」:「見慣れない出来事中心の解釈」の連続、解釈の枠組み。

一般的に、人々にとって「日常」からの「終わり、断絶」、「死」:「見慣れない出来事」は意味を持たず、既存の「日常」への回帰を望む。しかし預言者は大胆にそれを中心とした解釈、「預言」をする。

「預言」は因果律的な「日常」から抜け出した、「日常」に対する執着から外れている。また、「預言」は新しい「倫理」を伴った新しい共感の基準、領域を作り、「歴史」を伴った新しい次元の視線、解釈の枠組みを提供する。

このように「見慣れない出来事中心の解釈」は、「日常」の対立と「日常」の解体が最終的な目的ではなく、「日常」での新しい関係理解と共存のための切実な行動と言えよう。

旧約聖書の預言者のこのような伝統が新約聖書のイエスと結びつく。当時のイスラエル人は、神の主導する「見慣れない出来事」とそれを中心とした解釈、また預言者の「預言」が止まってしまったと考えた。だが新約聖書のイエスの弟子たちは、イエスによってそれが再び蘇ったと信じたのである。

弟子たちは、預言者の「見慣れない出来事中心の解釈」の連続、枠組みでイエスの「十字架の死」を眺める。それが「日常」から排除される罪人も救われるという普遍的な愛という解釈につながるようになった。

二一世紀を代表するキリスト教神学者カール・バルト（Karl Barth, 1886-1968）もこうした文脈でイエスを理解している。彼は自著『ローマ書』の「絶対他者としての神」、『教会教義学』の神と人間、人間と人間の間の「和解論」の始まりはイエスの「十字架の死」と述べている。[6] その「十字架の死」は、世の中（日常）と対立しながら、世の中（日常）を変化させ、さらには新たな次元の視線、解釈の枠組みで世の中（日常）を統合し、和解させる過程の「見慣れない出来事」である。

3　「見慣れない出来事」が観念に、観念が組織に

（1）神学（「見慣れない出来事」が観念に）

キリスト教はコンスタンティヌス皇帝が三一三年ミラノ勅令で公認、三九二年テオドシウス皇帝が国教に確定して以来、新しい局面に入る。キリスト教は既存の秩序や文化、「日常」と対立する「見慣れない出来事」から出発したが、ローマの国教となり、秩序や文化、「日常」の中心となっていく。

一方、中世ローマ時代のキリスト教聖職者や神学者は、「日常」での「見慣れない出来事」としてのイエスを構造や法則の観念で説いた。このような観念と説明には人間の理性が必要である。人間の理性を利用して「見慣れない出来事」を観念として説明するのが神学である。

キリスト教神学者の最も代表的な人物はヒッポのアウグスティヌス（Augustinus, 354-430）である。彼の母親モニカは彼がキリスト教徒になることを願った。しかし彼は、世の中を二元論的に見て理解する理性的で体系的な教理を持つマニ教、そして世界とその世界の背後にあるイデア

に分ける二元論を持つギリシャ・ローマ哲学にむしろ関心を持っていた。

そんな彼がある日、「見慣れない体験」をすることになる。ミラノのある庭園で「拾って読め！」という子どもの歌声を聞き、ローマの信徒への手紙13章13―14節を読むことになる。

13日中を歩むように、品位をもって歩もうではありませんか。酒宴と酩酊、淫乱と好色、争いとねたみを捨て、

14主イエス・キリストを身にまといなさい。欲望を満足させようとして、肉に心を用いてはなりません。

これを読んだ後、彼は大きな衝撃を受け、キリスト人となって修道生活を始めることになる。修道院で彼はキリスト教神学の根本となる「三位一体神」、「原罪論」などを作った。

彼の神学は、自分の「見慣れない体験」によって知る「見慣れない出来事」としてのイエスを、ある構造や法則で観念化して説明したものである。

「見慣れない出来事」である「聖子」のイエスによって「聖父」の神と人間イエス（人間）との関係が知らされ、それが「聖霊」によってどのように世の中（日常）に現れるかについての理性的な説明が「三位一体の神」である。また、「原罪論」は、隠された人間の罪が「見慣れない出来事」のイエスによって露わになったことを強調し、人間の原罪は「傲慢」であるという理性的な説明をした。さらに、善悪の問題を、善と悪という根源的な存在によるものと見るマニ教的な理解ではなく、「見慣れない出来事」のイエスによって明らかになった神への信仰という個人

の自由意思、選択の問題だと説明した。

アウグスティヌスを継いだもう一人のキリスト教代表神学者はトマス・アクィナス（Thomas Aquinas, 1224-1274）である。彼は自然、世のモノで神の属性を見つけようとした。「存在本質」である神がいて、神の類比、「存在本質」の類比が自然、世のモノという。つまり、神の属性が自然、世のモノに似ているということである。それで「存在本質」の類比である自然、世のモノを分析し理解できる理性を持った人間は神の存在を知ることができるという。

しかし、彼は限界に対する人間の認識についても話す。「存在本質」（神）は「無」から、「無」を通して「存在類比」（自然、世のモノ）を作る。人間の理性は人間にこんな「無」も認識させる。人間はこのような「無」の認識で神と自然、世のモノの質的な違いまでも知るようになる。こうした「無」の認識は、自然、世のモノのすべての存在（日常）の中に神がいるという汎神論を排除することになる。

彼の「無」は、人間という「存在類比」が感じる「見慣れない出来事」に対するより根源的で観念的で理性的な説明であると言える。

（2）教会組織の優位

中世時代のキリスト教の歴史は神学とともに、教会という組織の中心化、優越化がともに理解されなければならない。イエスの証言から始まった共同体が教会という一つの組織となり、さらにはローマ国教という世界的な組織となった。組織の維持と成長のための秩序と文化を作り、それが今や「日常」になる。このような秩序、文化、日常化している教会は自分を脅かす所には排他的な姿勢を取る。十字軍戦争や魔女狩りのようなものである。また、教会の始まりとなった「見慣れない出来事」としてのイエスの優越性は消え、「日常」の優越性である「教皇不可謬説」などを生み出したりもした。

「見慣れない出来事」の優越性に背を向け、「日常」の優越性へと進む教会に向けて一六―一七世紀の宗教改革が行われる。宗教改革は「見慣れない出来事」の優越性に対する再認識である。この「見慣れない出来事」に注目して宗教改革を導いた人物がマルティン・ルター（Martin Luther, 1483-1546）である。

ルターはローマカトリック教会の腐敗と誤った教皇の権威に抵抗し、改革をしようとした。ルターはこうした抵抗、改革に先立って、自身が「見慣れない体験」をした。すなわち、雷が自分の前に落ちるという経験をする。この時、「聖アンナ、私を助けてください！」と叫びながら、地面にうつ伏せになって懺悔した。彼の「見慣れない体験」が、教会組織のためのイエスではなく、「見慣れない出来事」としてのイエスを見つけさせ、イエスを優先させた。その後ルターは、「聖書のみ、信仰のみ、恵みのみ、キリストのみ、神に栄光のみ（Sola scriptura, Sola fide,Sola

Gratia, Solus Christus, Soli Deo Gloria)」という改革スローガンで、「日常」に陥っている教会組織に対する抵抗につなげる。

キリスト教と教会は，通常の異なる組織と同様に秩序、文化、日常の優越化，偶像化につながる問題を抱えている。そのため、持続的に抵抗し、改革されなければならないだろう。しかし、キリスト教、教会への抵抗の方式、改革の方向性は、私たちが一般的に考える抵抗の方式、改革の方向性とは違う。一般的な抵抗と改革は、誰かのための、誰かの主導の下、ある目標に向かって完成していくものであるのに対し、キリスト教は「見慣れない出来事」としてのイエスに対する発見と、その優越性に対する認識から出発する。

一方、「見慣れない出来事」としてのイエスとその優越性に対する認識は、私たちの「日常」で突然出会う「見慣れない体験」、「見慣れない事件」と共有され、共鳴される。「見慣れない出来事」としてのイエスによって、自分の「見慣れない体験」、「見慣れない事件」に慌てず、イエスに同行しながらそれを意味深く解釈するようになるのである。つまり、イエスとの共感、共鳴を通じて「見慣れない出来事」中心の「解釈の力」を得ることになるのである。著者は、イエスを通じたこのような「解釈の力」を「日常」に知らしめる、与えるのがキリスト教、教会宣教であり伝道だと考える。

4　排除される「見慣れない出来事」（近代以降）

中世の神中心の思考から脱し、人間中心の思考をする時代を私たちは近代と言う。

近代の始まりを知らせた人物がルネ・デカルト（René Descartes, 1596-1650）である。デカルトの「私は思う、故に私はある」という、私たちに広く知られている近代精神の命題である。この命題は人間、そして人間の主体性のことのようだが、デカルトの本来の意図は「変化しない普遍真理」である神の存在を証明するための命題であった。[7]

彼は人間内部に普遍真理である神とつながっているものがあると考え、それを「本有観念」と呼んだ。このような「本有観念」と通じるのが人間の理性だった。当時ヨーロッパでは、ニュートンの数学や物理学などのような「変化しない普遍法則」などが知られていた。デカルトもその影響を受けて、人間内部の「本有観念」と理性が人間の外部、変化しないある法則、普遍真理である神と結びついていると考えた。

普遍法則、普遍真理である神を知るための出発点として、人間内部の「本有観念」と理性を強調した「私は思う、故に私はある」という命題が作られた。また、命題の中の「私」とは、主体としての個人を強調するのではなく、すべての人間の内部にある「本有観念」と理性を強調したものである。中世神学が人間の外部から普遍真理を見つけようとしたのなら、近代哲学は普遍真理に向けた端緒、始まりを人間の内部に求めることになったということである。

しかし、結果的にデカルト哲学は、中世時代の「神中心」の思考から脱し、「人間中心、個人」という新しい価値につながりつつ、近代の始まりを知らせることになった。これを人間の「主体哲学」と言うこともある。

このような近代的な雰囲気はイマヌエル・カント (Immanuel Kant, 1724-1804) によってより強固になる。カントは人間の内部、「本有観念」、理性、そしてそれとつながる人間の外部、普遍法則から神を排除したり、分離して考え始める。しかしカントも、デカルトと同じく人間から神を排除したり分離するのが目的ではなかった。人間の内部、本有観念、理性、それとつながる人間の外部、普遍法則で神を知ることはできないという限界の結論を下したということである。

そのように神が排除された、神から解放された人間内部の「本有観念」、理性、そして人間外部の普遍的法則は科学という新しい領域につながる。

一方、フリードリヒ・ヘーゲル (Georg Wilhelm Friedrich Hegel, 1770-1831) は、デカルト、カントの「主体哲学」を批判しながら「主体哲学」が逃している「変化」に注目する。そしてそれを「弁証法」という構造、法則の観念で説明する。神のような「絶対精神」があり、その「絶対精神」自らの「変化」によって世の中、すなわち人間も「正・反・合」という図式に従って「変化」するという。

ヘーゲルは「変化」という観点で、「主体哲学」の人間の内部と外部、主体と客体という二元論的な区分、図式を無くそうとした。

こうしたデカルト、カントの「主体哲学」、ヘーゲルの「弁証法哲学」、さらには中世神学に、マルティン・ハイデッガー（Martin Heidegger, 1889-1976）[8]は問題を提起する。それらには人間が生きていく「日常」、すなわち「実存」が反映されていないということである。彼は「世界―内―存在」という構造で「実存の優位」を強調し、「実存」にそっぽを向き、人間の理性のみを利用した観念に陥ってしまった神学や哲学を批判した。

一方、著者はこうしたハイデッガー哲学、「実存の優位」に積極的に同意しながら、ハイデッガーが積極的に区分していないことが一つあると考える。それは聖書、キリスト教が守ってきた大切な価値の「見慣れない出来事」である。

ハイデッガーは、「日常（実存）」は強調しながらも、「日常（実存）」から「終わり、断絶」、「死」・「見慣れない出来事」については特に区分して説明していない。彼は「見慣れない出来事」を、「日常（実存）」の中で解釈される一部分として含めたようである。それで「死」も「実存」での「可能性」を持たせるものぐらいに解釈する。

もちろん「見慣れない出来事」も「日常」から出て「日常」に改めて入って新しく解釈されるべきである。しかし彼はこうした過程なしに「見慣れない出来事」を「日常」（実存）の解釈の一部分として片付け、「見慣れない出来事」に対しては特別な区分を置かなかった。「日常」と「見慣れない出来事」は解釈の肌合いが違う。また、「見慣れない出来事」に対する認識がなければ、変化する「日常」という認識も消え去り、「日常」そのものが絶対化するだろう。それによって「日常」と「見慣れない出来事」の間に起こる緊張感は消え、それによる倫理と歴史が生まれることもないだろう。

別の話だが、著者は近代哲学で強調された一個人の「主体」、「自由」への理解も「見慣れない出来事」から出発すべきであると考える。「日常（実存）」というのは、「世界―内―存在」という、すでに与えられた関係の中にあるものである。個人の固有な「主体」、「自由」というものは「日常」では成り立たない。「日常」に基づいて、一個人の固有の「主体」、「自由」を強調することは、「日常」においてより安全に豊かになりたい欲望の「主体」、「自由」であろう。

私たちが真に自らの固有の「主体」、「自由」を問いたければ、このような関係優先の「日常（実存）」からの「終わり、断絶」、「死」：「見慣れない出来事」に注目すべきであろう。結局、一個人の固有の「主体」、「自由」というのは「終わり、断絶」、「死」：「見慣れない出来事」を解釈することではないだろうか。

著者が、哲学についての不十分な知識と理解にもかかわらず、また誤った知識と理解で述べる危険性にもかかわらず言及した理由、さらに四人の哲学者に注目した理由は、今日の我々の「日常」を構成する価値観が「個人―集団」、「主体―客体」、「変化―真理（不変）」、「実存―観念」、「構造―出来事」というような意味と結びついているからである。

また、その「日常」から「見慣れない出来事」が排除されているということを確認する目的であった。「主体哲学」、「弁証法哲学」は、ハイデッガーの指摘のように、「日常」そのものが排除されている。そのため「日常」で起こる「見慣れない出来事」も排除されるしかない。

ハイデッガーの「実存哲学」は「日常」はあるものの、「見慣れない出来事」に対する価値は別途に与えられていない。

今、私たちの時代は、過去よりも近代よりも「日常」に執着する時代であろう。それは、多くの出来事が科学技術に支えられた「日常のシステム」の中に入り込み、「見慣れない出来事」と感じる出来事が減ったからである。そのため、もし「日常」を脅かす「見慣れない出来事」が起これば、それは一日も早く無くさなければならない不便で面倒なことに過ぎず、「見慣れない出来事」中心の意味ある解釈のための十分な時間は許されない。

とはいえ、「見慣れない出来事」はこの時代も起きており、それを中心とした解釈も必要である。なぜならその解釈によって、歴史と倫理を伴う新たな共感の基準、領域が発生し、「日常」での新たな関係理解と共存に向けた切実な行動が可能になるからである。

5　宗教的な人間

人間は、ある時間と場所、ある環境で生まれる。これは一人の人間が自ら選択できない自然性だ。そんな自然性の中で生きるために、生き残るために何かを作っていくのが人為性、強者を志向する人為性だ。このような自然性と人為性を併せ持つのが人間の生き方、「日常」である。

そんな「日常」を経験させる最も小さな単位の共同体が家庭であり、最も大きい単位の共同体は民族となるだろう。さらに今、気候変動という自然性、技術革新とグローバル化という人為性は、民族を越えるより大きな共同体を要求している。

このように人間の生、人生は、結局、自然性と人為性が結びついた「日常のシステム」の中で生きることとして考えられる。「日常のシステム」は人間の生きようとする意志、強者になろうとする意志をより安全に、効率的に体系化したものである。人々はそれを信頼し頼りにして、その中で生きていくことになる。しかし人間は「日常のシステム」だけで生きることはできない。なぜなら世の中は変化し、その変化は「出来事」として人間に認識される。「日常」というのは常に「出来事」という不安定な要素を併せ持っている。

もちろん「日常」で起こる多くの「出来事」は「日常のシステム」の中で解決される。問題は「日常」からの「終わり、断絶」、「死」として出会う「見慣れない出来事」である。

この「見慣れない出来事」を既存の「日常システム」に組み込もうとすれば、そこにはいつも暴力と抑圧が発生する。「見慣れない出来事」に背を向けていれば、共同体は混乱につながり、崩れることになる。結局、「見慣れない出来事」の前で、我々がすべきことは勇気のある「解釈」である。

前述したようにほとんどの宗教は「日常」からの「終わり、断絶」、「死」‥「見慣れない出来事」から始まると思う。仏教で強調するのも「日常」からの「終わり、断絶」であり、これを積極的に解釈したのが「空」である。また、その「空」から出てくる「日常」からの再解釈として道徳と善などがある。ユダヤ教は「日常」からの「終わり、断絶」、「見慣れない出来事」を神の啓示として解釈し、それをまた「日常」に戻って新しく再解釈したのが神の倫理、神の歴史である。キリスト教のイエスも「日常」で起きた「見慣れない出来事」としての解釈である。十字架とは、「見慣れない出来事」は「日常」から排除される罪人までも救うという、「日常」の価値観の「変化」を求める新しい解釈にまでつながった。

このように、宗教のアイデンティティ、宗教の伝統と歴史は「日常のシステム」と対立しており、「見慣れない出来事」とともに、「見慣れない出来事」を解釈させる力、枠組みを提供する。[9]

著者は人間のアイデンティティについて考える。また人間ができる最大の能力、人間が持てる最高の価値は何かと考えてみる。多くの人々は「日常のシステム」構築を人間のアイデンティティ、最大の能力、最高の価値と考えるだろう。しかし著者はそれよりも「見慣れない出来事に対する解釈」と考える。

映画『マトリックス』(*The Matrix*, Lana Wachowski, Lilly Wachowski, USA)で、そんな人間のアイデンティティ、能力、価値について想像してみることができる。人工知能機械であるロボットは人間から生体エネルギーを得るため、卵のような空間に人間を入れて培養する。ロボットは人間が生きる意志を失わないように脳を連結して設計した仮想空間を作る。人間はロボットが提供するその仮想空間で「日常」を生きていく。ところが、その仮想空間にロボットの意図しない問題が発生する。その問題により人間は生きる意志を失い、人間の生命を失うことになる。その都度ロボットはその問題点を補完した新しい仮想空間、「日常のシステム」を再設計する。

数度にわたって再設計された仮想空間、「日常のシステム」に映画の主人公ネオが登場する。映画でのネオは「選択と自由」の象徴である。映画の中の人々は、ネオが卵に閉じ込められた人間をロボットから救う救済者だと考える。

ところが、映画はこれを覆す。「選択と自由」の象徴であるネオもロボットが設計したものであった。「選択、自由」への渇望もやはり人間が生きようとする意志の一つであることをロボットが知り、設計したのがネオなのである。

ちなみに著者は、今の時代はこのような「選択、自由」が設計され、商品化された時代だと思う。自由主義、資本主義とは、あたかも一人の人が商品・サービスを自由に選択して生きていくように設計された「日常のシステム」を提供するものであり、「コロナ禍」とは、「見慣れない出来事」によって「日常のシステム」の中の「選択、自由」、自分や他人の命より大事にされる絶対化された「選択、自由」が現れたもののようである。

話を映画に戻そう。ネオは自分がロボットによって設計されたことを知り、ロボットへの抵抗、革命の根拠を失い、混乱する。

しかし映画はもう一つの反転がある。仮想空間に自らを無限に増殖させる、つまり仮想空間を破壊するウイルスが発生した。このウイルスは結局ロボットも破壊するウイルスである。完璧なロボットさえ予測できなかった、統制できない「見慣れない出来事」が発生したわけである。

著者は、この場面がまるでイエスが十字架の苦難・死の前で混乱し、「エリ、エリ、レマ、サバクタニ、わが神、わが神、なぜわたしをお見捨てになったのですか（マタイによる福音書27章46節）」と叫ぶ部分と重なって感じられる。そしてそれは神の子であり、人の子であるイエスでさえ予想できなかった「見慣れない出来事」の優位性を表すための前過程だと思う。結局、絶対者としての神は「見慣れない出来事」として紐付けされている存在である。

その後ロボットは、ネオがそのウイルスを除去できる唯一の存在であることを知る。ネオのみがウイルスという「見慣れない出来事」に対面して、解決できる者、解釈できる者、真の「選択と自由」をする固有な個人・主体であった。このようなネオに頼らざるを得ないロボットは、人間と協力し、平和を模索することになる。この協力と平和は、どちらかの意図による計画的で人為的な協力と平和ではなく、「見慣れない出来事」を中心とした再解釈から生まれる自然な協力と平和、「満ち溢れる倫理」である。

映画はロボットと人間に関する話だが、人間共同体の指導層と非指導層に関する話との解釈も可能であろう。指導層は「日常のシステム」を構築し、自らの権利が持続するとともに、非指導層に「日常のシステム」での安定を提供する。しかし指導層と非指導層のいずれもが戸惑う「見慣れない出来事」は必ず発生する。著者はこの「見慣れない出来事」を解釈できるのが人間のアイデンティティ、人間の最大の能力、最高の価値だと思う。そして、これを「宗教的人間」と定義したい。

種族の絶滅を引き起こす大きな「見慣れない出来事」である氷河期を前にして、既存の生活基盤であるアフリカを後にして、夜空の星を里程標とし夢を抱いて新しい地を探していった十万年前の私たちの祖先たち。

「見慣れない出来事」を通して「日常」の暴力と抑圧を見つけ、自由と解放を求めて旅立ったエジプト奴隷、ヘブライ人たち。

「見慣れない出来事」であるイエスを通じて異邦人、罪人に救いがあると宣べ伝えたキリスト教徒たち。

その他、自然災害、戦争、家族、友人の死など、「見慣れない出来事」を受け入れ、勇気を持って解釈していった人々。彼らは「宗教的な人間」である。

6　韓国人の「見慣れない出来事」

多くの韓国人が経験した「見慣れない出来事」は、約七十年前に起きた韓国と北朝鮮の戦争だろう。その「見慣れない出来事」は私たちに十分に解釈されないまま今も影響を与えている。

著者は趙廷来（チョ・ジョンレ）の小説『太白山脈』の舞台となる宝城郡伐橋で生まれた。一度も見たことのない著者の叔母が小説で描かれる犠牲者の一人である。父親の証言によると、叔母は家族の生命を脅かす北朝鮮軍によって強制連行されたという。そしてある日、そこから逃げ出すことになった。ところが叔母が北朝鮮軍に同調したというある人の証言で結局、韓国軍によって銃殺されたという。韓国軍にそのような証言をした人は同じ村人だという。わたしの祖母は彼を一生憎悪しながら死んだという。私たち家族にはそんな叔母が「見慣れない出来事」である。

その時、叔母は一九歳だった。高校を卒業したばかりの一九歳ぐらいの女性を見ると、叔母が思い出される。悔しいこの死、痛みの責任と原因を誰に問うべきであり、誰から慰めと補償を受け入れるべきか分からない。

叔母を連れて行った北朝鮮軍か。叔母を証言したその村の人か。叔母を殺した韓国軍か。それとも政治的イデオロギー、冷戦時代の犠牲者なのか。また、叔母への懐かしさ、その村人への憎しみで生きて死んだ祖母はどうなるべきだろうか。

著者は、このような「見慣れない出来事」をただ「日常」だけで取り扱うことには限界があると思う。「日常」で「見慣れない出来事」を扱えば、相手側と味方に分ける政治的な立場につながる可能性が高い。著者にとってこのやり方は、なんだか嘘のようで、暴力のようにも感じられる。「日常」のために「見慣れない出来事」を歪曲し、消してしまうようだ。

五年ほど前に、叔母を死に追いやった村人から父へ電話があったという。過去のことは話さないまま、父の安否を尋ねる程度で話は短く済んだようである。

うちの家族としてはきっと彼は赦せない、彼を許せば死んだ叔母が浮かばれない。顔も知らない叔母だが、悔しい彼女の死を忘れたくない、忘れてはいけないはずだ。

しかし、彼の電話をどう受け止めるべきか分からない。

叔母を覚えているということが彼の電話さえ否定するのだろうか。

著者は慎重に「見慣れない出来事中心の解釈」をする「宗教的人間」という新しい共感の基準、共感の領域でこの問題を見ていこうと思う。その基準と領域は、因果律的な「日常」、政治化された「日常」、「日常のシステム」から離れた、「死」を必ず迎える存在としての基準と領域である。その基準と領域では、赦しと和解という倫理、そして未来志向的な歴史が、もしかすると起こるかもしれない。

神よ、変えることのできないものを静穏に受け入れる力を与えてください。
変えるべきものを変える勇気を、
そして、変えられないものと変えるべきものを区別する賢さを与えて下さい。

一日一日を生き、
この時をつねに喜びをもって受け入れ、
困難は平穏への道として受け入れさせてください。

これまでの私の考え方を捨て、
イエス・キリストがされたように、
この罪深い世界をそのままに受け入れさせてください。

あなたのご計画にこの身を委ねれば、あなたが全てを正しくされることを信じています。
そして、この人生が小さくとも幸福なものとなり、天国のあなたのもとで永遠の幸福を得ることを知っています。アーメン

ラインホルド・ニーバー

注

1 チョン・スボク『韓国人の文化的文法』、思考の木、二〇〇七年、一一〇ページ。

2 ポール・リクール『解釈の葛藤』ヤン・ミョンス訳、ハンギル社、二〇一九年、一一〇ページ。

3 フリードリヒ・ニーチェ『権力への意志』原佑訳、筑摩書房、一九九三年。

フリードリヒ・ニーチェ『道徳の系譜学』中山元訳、光文社古典新訳文庫、二〇〇九年。

4 ミシェル・フーコー『狂気の歴史：古典主義時代における』田村俶訳、新潮社、一九七五年。

ゲルハルト・フォン・ラート『旧約聖書神学二—イスラエルの預言者的伝承の神学』荒井章三訳、日本基督教団出版局、一九九一年。

5 フォン・ラート『預言者たちのメッセージ』キム・グァンナム訳、ビジョンブック、二〇一八年。

6 寺園喜基『カール・バルトのキリスト論研究』、創文社、一九七四年。

7 滝沢克己『デカルトとサルトル』、創言社、一九八四年。

8 ハイデッガー『存在と時間』細谷貞雄訳、ちくま学芸文庫、一九九四年。

9 李相寅「滝沢克己の不可逆神学に関する研究—形成過程と解釈学的理解をめぐって」、九州大学、二〇二一年。

第2部　滝沢克己の不可逆神学に関する研究

―形成過程と解釈学的理解をめぐって―

一　論文の目的と方法について

滝沢克己（たきざわ かつみ、一九〇九―一九八四）は哲学者であり、キリスト教の神学者として評価されている。滝沢が神学者と評価される理由は、キリスト教の信仰の根幹となるイエスに関する中心性を逃さないからである。そのためドイツのハイデルベルク大学から神学博士の学位を授与された[1]。

その一方、滝沢がいう「イエスの中心性」とは、イエスとイエスを信じるキリスト教の絶対性ではなく、神と人間の関係の指識としてイエスを理解することを意味する。彼は、イエスを通して神と人間とが関わる方法を示すために、神から人間への「不可逆」、神と人間が絶対分離できない「不可分」、神と人間が絶対同一にはなれない「不可同」、これらの三要素を統合した「インマヌエル（神われらと共に在す）神学」を定立した。

この神学にはイエスを神そのものと見なさないため、既存のキリスト教、教会の主張するイエスの絶対性、標識の絶対性に対する警戒や批判が存在する。そのためこの神学は他宗教や文化、日本宗教や文化を解析し、対話を可能にする。その結実の内の一つが宗教間の対話である。特に滝沢は仏教との対話を通じて、お互いの共通性と違いを見いし、宗教の本質を探ろうとした。滝沢のそのような解析、対話、関心は本人の「インマヌエル神学」に基づいている。

しかし神学者の金珍熙（キム・ジンヒ）によると滝沢の「インマヌエル神、神学」自体に対する研究は日本教会の内外で十分に行われていないと指摘する。[2]

稿者は滝沢の神学を考察するために「インマヌエル神、神学」の形成過程を探り、「インマヌエル神、神学」の構成要素の一つである「不可逆神学」に集中して研究を進める。「不可逆神学」には「インマヌエル神、神学」の特性が現れており、キリスト教の神学・伝統・歴史と関わっているからである。

論文の構成と方法としては、前半と後半に分けて進める。

前半では、滝沢の哲学的思惟から信仰、神学に変わる起点である「不可逆神学」までを分析する。滝沢は、目の前に見える物質とその後にあるイデアとの関係がどのように構成され、現われているか（現象）、そしてそれを人間、個人がどのように認識するか（認識）、またそのような区別自体をなくし、実存（解釈）を優先するかなどの西洋哲学を専攻した者である。

滝沢は幼い頃から抱いていた自分の悩み、人生の課題が統合され解決される経験が、西田幾多郎（一八七〇―一九四五）の「無の場所」の哲学との出会いだと語る。一九三三年、論文「一般概念と個物」で西洋哲学を基に西田の「無の場所」の哲学を分析し、解釈した。西田はこの論文を見て、自分の哲学を最もよく理解したとほめたたえた。

その後、滝沢はドイツ留学でカール・バルト（Karl Barth, 1886-1968）を師匠に、「絶対他者としての神」について学ぶようになる。「無の場所」の哲学と「絶対他者としての神」の類似点と差異点を比較分析し、そこで「無の場所」の哲学にない、神から人間に至る一方的な方向性である「不可逆神学」の礎を築いた。[3]

これを機に滝沢は、人間に基盤を置く哲学者から、神に基盤を置く信仰人、神学者に変化する。一九三五年、ドイツ留学を終えてから日本で初めての著書『西田哲学の根本問題』（一九三六年）でそれを具体化・体系化した、「不可逆」、「不可同」、「不可分」の神学である「イマヌエル（神われらと共に在す）神学」を語った。

論文の後半では不可逆神学を解釈学の観点から分析する。

神学者寺園喜基は滝沢の「イマヌエル神学」、キリスト論に二元論的な傾向が見られると指摘する。[4] 稿者はポール・リクール（Paul Ricoeur, 1913-2005）の「出来事中心の解釈学」を通して、この問題をさらに明らかにし、また二元論の統合や克服方法を提示する。

リクールの「出来事」とは世界―人間の実存（世界―内―存在）に新しい何か（既存の理解では分からない見知らぬこと・見慣れないこと）が介入して起こることである。聖書ではこれを「世の中の神の自己啓示、現わし（神からの人間への方向性、不可逆方向性がある）」と言う。

このような出来事、神の自己啓示、現わしが人間にとってどのように解釈されたのかを聖書の預言者を通して確認する。聖書の預言者は出来事、神の自己啓示、現わしを、最初は世や人間への葛藤、「審判」として解釈する。その後神による「救い」という統合の解釈もする。これが当時の世の権力やそれを支持する秩序と葛藤しそこから疎外された弱者を代弁して、最後は神による統合の赦し、「救い」を指した。寺園喜基はカール・バルトの「和解論」においては神の出来事による葛藤と統合の順序・解釈構造があるといい、滝沢には順序が欠如しているという。[5]

稿者は滝沢のこのような欠如が天皇に関する理解にも繋がったと考え、「不可逆神学」の立場から批判的に考察する。批判的な考察を通して「不可逆神学」の特性をさらに表すことを目的にする。

Ⅱ　滝沢克己の不可逆神学の形成過程

1　西田幾多郎における「無の場所」の哲学

滝沢克己は九州帝国大学で哲学を専攻し、一九三一年に卒業した。卒業論文はヘルマン・コーヘン（Hermann cohen,1842-1918）の哲学とエトムント・フッサール（Edmund Husserl,1859-1938）、マルティン・ハイデッガー（Martin Heidegger,1889-1976）の現象学を考察比較したものである。[6]その後、滝沢は西田哲学に没頭し、一九三三年、西田哲学に関する論文『思想』、「一般概念と個物」を発表する。その論文を読んだ西田は、「これまでこれほど私の考えを捉えた人がいなかったので、大きな喜びを感じた」と語る。[7]

滝沢の「イマヌエル神学」と「不可逆神学」の完成過程で、見過ごしてはならないのが彼の西洋哲学に関する思惟である。滝沢の専攻は西洋哲学であり、用いるほとんどの単語、論理が西洋哲学を元に進められていることがわかる。西田も自分の「善の経験」に基づいた「無の場所」の哲学を西洋哲学の中で、その問題点と克服の次元で語ろうとしていた。西田の「無の場所」の哲学とそれに対する滝沢の理解と解釈には西洋近代哲学が共有されているのである。

稿者は西洋近代哲学を「無の場所」の哲学と「不可逆神学」が作られる過程に限って説明する。

（1）近代哲学、主体哲学

①ルネ・デカルト

デカルト（René Descartes, 1596-1650）は中世のスコラ哲学の影響下にありながら、スコラ哲学を批判する近代哲学の土台となる哲学者である。中世スコラ哲学は創造主の神と被造物の人間を分け、創造主の神を中心に神について理解し、説明しようとする。その理解と説明のため、変化しない固定された永遠と絶対、そしてそれを認識できる人間の理性が付随的に強調される。このようなスコラ哲学の延長線上で、デカルトは世界で最も確実なものは何かと悩み、それがかの有名な命題である「我思う故に我あり（Cogito ergo sum）」に結実する。この命題には、人間の頭や意識の中に外の世界を認識できる、ある普遍的な観念、すなわち本有観念があるということが主張されている。

一方、これが既存の神中心のスコラ哲学から脱し、近代哲学の胎動を知らせるようになった理由は、人間、個人という主体を強調し、真理の出発点を人間、個人に置いたことである。しかしデカルト本人は、このような人間の主体的な頭、意識の中の普遍的な観念に集中しつつも、世界との関係、客体、さらには真理、神の概念を追求したが、近代哲学はこのような部分には背を向け、人間、個人という主体に集中するようになった。

滝沢は、デカルトの「私は思う、故に私はある」は人間、個人という主体の中心性を言うことではないという。それはあらゆる人間の頭や意識の中に普遍的な観念（本有観念）があり、それが各個人の存在をそのまま認め、また繋がらせるという根拠から定義された言葉だという。

こうしてわれわれはデカルトの叙述に沿うてわれわれ自身の省察を深めれば深めるほど、一種いいがたい驚きをもって「私は思う、故に私はある」という彼の言葉の真実を認めずにはいられなくなる。「天地と身体の存在は疑いえても、それだけはどうしても疑いえない」と彼のいう「思う私の存在」をわれわれが疑う時、われわれはいつも、「思う」と言い「私」と言い、また「存在」という同じ言葉によって、彼の意味したものとはまったく異なったものを意味している。しかもその場合、我々がそれらの言葉によって意味しているものは、一見我々にとって自明的のように思われながら、じつはただ漠然とそういう気がしているだけで、一度われわれがそれをはっきりと見極めようとすると、たちまち何のことか分らなくなってしまうようなものなのである。同じことがその一つ一つについてばかりではなく、それらのものの、したがってまたそれらの言葉の、繋がりについてもまた、認められることはいうまでもない[8]。

②イマヌエル・カント

カント（Immanuel Kant, 1724-1804）は中世時代、スコラ哲学の神・永遠・絶対・普遍・合理などの形而上学に疑念を抱き、人間がそれを認識できるのか、そして認識するならどこまで可能なのかを区分した哲学者である。結論としては人間の頭の中の認識・理論ではそのような形而上学に対する認知・理解は不可能だという。それは道徳と実践で可能だと語り、道徳と実践の重要性や優位を強調する。カントは形而上学を否定するのではなく区分したものであり、むしろそれを優位に置き、それによる人間、個人という主体への深い価値を主張した。しかし近代哲学はそれを神から人間を解放する決定的な根拠と考えるようになる。人間は自分たちが認識・理論化可能な部分に集中し、人間中心の哲学である認識論を生むようになる。

デカルトと同様、カントも主体と客体を形而上学と統合しようとしたが、結論的には人間・個人の主体部分である認識論が強調される結果を生むことになった。

滝沢はかつて西洋スコラ哲学、中世神学が人間、個人の主体（認識）を疎かにしたことへの対応として、近代哲学で主体（認識）を強調するようになったことは高く評価した。しかしその主体、認識中心の哲学が、客体もその主体、認識の中に入れて理解しようとすること、形而上学的な真理、神もそこに含める、あるいは排除することに対しては批判した。

有名なデカルトの定式化をまつまでもなく、「近代人」の常識は、「私」の「意識」はもっぱら私の「精神の内に属する」事実であるのに反して、「私」の「行動」は、同時にまた「外の物質界に属する」出来事だと考える。しかし意識も、行動も、それが、「私の」ものであるかぎり、そしてその「私」は他の何ものでもなく、この一人の私として始めて私であるかぎり、いかに「自明な常識」があっても、ただそう考えて済ますわけにはいかない。[9]

滝沢はそのような近代哲学の長所と問題意識の解決策を主体と客体が各自の位置で同等に強調され、またそれを同等に関係させる西田幾多郎の「無の場所」の哲学から発見することになる。著書『西田哲学の根本的な概念』にある、西田の「個物即一般」、「一即多」、「主語面即述語面」がそれであり、主体と客体を同等な関係においてそれらを繋げてくれるのが「無の場所」だという。一方このような連結の方法はヘーゲルの弁証法と比較され、その比較によってよりよく理解できる。

(2) 弁証法哲学―フリードリヒ・ヘーゲル

ヘーゲル（Georg Wilhelm Friedrich Hegel, 1770-1831）はカント哲学とは異なる弁証法という哲学を語った。それは対立物の統一、例えば主体と客体、有限者と無限者の矛盾が包括され総合される統一体、二元論を統合する精神の原型、絶対精神が動くことをいう。ヘーゲルは主体と客体を連結させることに集中したと言え、ある運動やエネルギーの流れを重要視した。ヘーゲルにとって、カント哲学は主体中心の主観的な観念論であり、客体を排除していると考えた。そのため、ヘーゲルは主体と客体を統合するための絶対的な観念論を構想することになる。この絶対的な観念論は、神のような絶対精神・世界精神があり、世界、物質、人間、または主体と客体も絶対精神・世界精神の自己展開過程から出るものだという。[10]

滝沢は西田の「無の場所」の哲学もまた主体と客体、対立物を区分してまたそれらを繋ぎ統合させるものであるという。しかし西田はヘーゲルの弁証法、絶対精神が相変わらず主体と客体に分けられていること、また行き過ぎた観念論に対しては警戒した。

そのため西田は主体と客体を分けない、また非実存的な観念論のヘーゲルの過程弁証法とは違う、直観、（即）の弁証法という「無の場所」の哲学を語る。直観を利用して善を経験しながら、主体と客体の区分なしに一つになること、主体と客体を「対」ではなく「即」の弁証法的な関係を見いだそうとした。それで滝沢は「無の場所」の哲学を「直観（即）哲学」だという。[11] このような直観（即）は、マルティン・ハイデッガーの哲学である主体と客体の「即」の関係（意識で主体と客体を分ける前の「すでに与えられている関係」）の実存哲学でも説明できる。

（3）実存哲学―マルティン・ハイデッガー

西田と滝沢は自分たちのほとんどの思惟と哲学をデカルト、カント、ヘーゲル、フッサールなどドイツ哲学に基盤にしていながら、同時に人間の実存についても言及した。

「観念論者」は、ただそれだけが彼にとって「直接に明白な」―と彼らに思われる―「意識」

において、超越的な実存的なもの・永遠普遍なものを、自証し、体現することによって、みずからの不安定を、言いかえると、「独我論」、「主観主義」という他からの非難を、克服しようと企てる。いわばわたしの「私の意識」、「意識する私」の現実の内容を極限まで深めることによって、真に信頼するに足るrealite（実有生）に、永遠に充実した客観的普遍性に、至ろうとするのである。その場合、どの範囲で、どんな風にして満足するか、――その点はさまざまに異なるばかりか、或る意味では時代と共に、次第に深刻になって来る。しかし、右の根本的な要請においては、デカルトからカントを経てヘーゲルに至るまで、少しの異なるところもないといってよいであろう。[12]

ハイデッガーは古代哲学、中世神学、近代哲学に至るまで、それらがすでに与えられて生きている実存そのものについては語ろうとしなかったといい、自分の哲学はそこから出発すると述べている。ハイデッガーはこのような実存を「世界―内―存在（In-der-Welt-sein）」という構図の下で説明する。

人間（現存在・ダーザイン）は「世界―内―存在」として、すでに「そこ」にある、「そこ」に投げ出されている存在であり、「お互いに指示し合いながら連関（即）」しているという。これが人間の本来的なあり方であり、それが何より優位（優先）だという。

ところが、既存の哲学は純粋なもの・絶対的なもの・変わらないものを、実存より優越な、優位（優先）なものだと考え、人間の主体と客体を分離し、理性で探そうとしたという。ハイデッガーは優位（優先）なのは「世界─内─存在」の構造の中の実存であり、そこから人間の主体で客体をみる形而上学も理解するべきだという。既存の哲学と神学はこのような優位順序を錯綜してしまい、哲学と神学で人間の実存は疎外され、そっぽを向かれ、歪曲されたという。

またハイデッガーは、人間は自分の死を通じて（投企）将来について考えるとし、そのような考えは再び「世界─内─存在」に依存（優位方向）しつつ、可能性に向けた本来的存在として理解されるという。つまり実存で存在の意味と価値も付与している。

このようなハイデッガーの哲学は西田と滝沢の思惟や哲学中にも現われている。それは主体と客体の連続（即）などから推測することができる。しかし滝沢はハイデッガーの哲学は人間、個人の主体に対する独立性、それ自体としての個性がないと指摘する。

かかる世界に於て一つのダーザインは他のダーザインと共にあり、そのことによってダーザインは世界内存在なると共に、世界の内部に innerhalb 存在するものとなる。即ち一面に物とか道具とかいうものと同一の性格を荷うことが明らかにせられる。[13]

しかしかかる世界はダーザインを絶対に唯一的に限定することはできないと共に、他面かかるダーザインの自己限定は単に一般的なるものにすぎない。即ちかかるダーザインは未だ真に自己といわれるべきものはない。真に自己といわれるべきものは個性的なるものでなければならぬ。[14]

（4）滝沢の西洋哲学による「無の場所」の解釈

西田は仏教の一教派である浄土宗の信者で、座禅に熱中しながら同時に大学で西洋哲学を専攻した者である。こうした彼の二つの姿から「無の場所」の哲学が作られることになる。滝沢も、西田の浄土宗の「善の経験[15]」に関して西洋哲学を元に説明しようとしており、それを「無の場所」の哲学という。

「無の場所」の哲学に対して滝沢と西田が共有する西洋哲学は、稿者が紹介した四人の哲学者だけではなく、サルトル、フッサール、マルクスまで様々であり、内容も豊富である。「無の場所」の哲学を正しく理解するためにはこれらを排除してはならないし、より徹底的に分析しなければならない。稿者はこのような問題点と限界を認識しながら、不可逆神学を理解するための一つの段階として「無の場所」哲学を以下のように整理したい。

	近代・主体哲学	ヘーゲル	ハイデッガー
受容	人間、個人の主体	客体の重要性 分離されている主体と客体の統合	実存 主体と客体が分かれていない状態・即
批判	客体の欠如	実存の欠如	主体と個性の欠如

統合「無の場所」哲学：絶対個物と絶対一般、絶対矛盾的自己同一、絶対の非連続の連続（即）

西田は自分の哲学を「無の場所」で主体と客体の二分法を克服し、真の現実（実存）を目指すことだという。すなわち人間、個人という独立した主体とその外にある客体との関係を、実存という場所の上で統合させる哲学だといえる。

2 カール・バルトの神学

(1) 神学の背景

カール・バルトは、一八八七年にスイスで生まれた。父は神学教授、祖父は教会牧師であり、バルトも教会の牧師、キリスト教の神学者としてその後を継いだ。バルトはドイツで神学の勉強をした。師匠は自由主義神学者として名高かったハルナック（Adolf von Harnack, 1851-1930）とヘルマン（Wilhelm Herrmann, 1846-1922）であった。

自由主義神学（liberal theology）は一八世紀の啓蒙主義の影響を受けて登場したキリスト教神学である。自由主義神学は、聖書を人間の理性、感情、経験で理解し、また道徳的、歴史的、文化的な観点で神学を理解した。自由主義神学は進歩主義、歴史主義、人本主義を強調し、聖書に登場する奇跡を理性と自然の原理、科学、心理学などで解釈しようとした。

ヘルマンの自由主義神学は、新カント学派の影響圏に属している神学である。神は純粋理性の領域では証明不可能であるが、実践領域で経験できる（本書五六ページ参照）、人間内部の道徳的良心のような定言命法で経験できると主張した。[16] バルトはヘルマンから自由主義神学と、その背景となったカント哲学をはじめとする近代哲学を学ぶことになる。バルト神学の神と人間の出会いが、ある普遍的観念や概念、教理ではなく、個別の命令（実践・良心）で来るという理解は、このような人間の主体を重視するヘルマンと近代哲学の影響を受けたと見ることができる。

バルトは人間を強調する自由主義神学に続き、社会的参加を重要視する宗教社会主義にも関心を持ち、「赤い牧師」とも呼ばれるようになる。しかしバルトは一九一四年に発生した第一次世界大戦にドイツの戦争参加を支持する自由主義神学、宗教社会主義の人々をみて[17]矛盾と懐疑を感じる。矛盾と懐疑の中にいたバルトはクリストフ・フリードリッヒ・ブルームハルト（Christoph Friedrich Blumhardt, 1842-1919）に出会う。ブルームハルトは弱者を代弁する宗教社会主義者であるが世と神の国を区分し、神の国から矛盾な世を発見し、世の変化を望んでいた。それは人間内部、人間共同体から何かを変えようとする神学とは異なる。外部の神、啓示よりは人間の内部を強調した自由主義神学、宗教社会主義神学と違って、ブルームハルトは外部の神、啓示を優先した。[18]

バルトはブルームハルトとの出会いで、聖書が語っていることも人間の内部で作られるものではなく、外部から訪れる神、啓示を人間が命令として従うことについての記録であることに気づく。このような理解をもとに『ローマ書（第一版）』（一九一九年）を出版する。その後、バルトは神学部教授となり『ローマ書（第二版）』（一九二二年）を出版し、この本はドイツ語と英語で出版された。この本は、当時キリスト教の主流神学であった自由主義神学に反旗を翻し、バルトを世界的なキリスト教神学者の列に加えた。

一方、皮肉にも『ローマ書』が出版される際に、国家社会主義を標榜するヒトラーとナチ党が登場することになる。ヒトラーとナチス主導の神的な要素と結合したドイツ国家のイデオロギー化の中で、地上の国（世界）と神の国を区分し、神の国から地上の国に来ることを主張する『ローマ書』を書く。それはドイツ国家のイデオロギーと対立する本になった。バルト自身の人生と信仰もヒトラー、ナチスと対立し、抵抗することになる。[19]

このような社会的背景とも相まって理解すべきことが『ローマ書』と「絶対他者としての神」の概念である。

（2）弁証法的神学「絶対他者としての神」、『ローマ書』を中心に

バルトの『ローマ書』は弁証法的哲学のヘーゲルと実存主義哲学のキェルケゴール（Søren Aabye Kierkegaard, 1813-1855）の影響を受けて著した本で、弁証法的神学と呼ばれることもある。[20]

ヘーゲルとキェルケゴールの哲学の特徴は、人間、世から出発[21]する神との連結要素を全て否定し、その違いを明確にしたうえで関係づけることである。

ヘーゲルは世（人間）と神（絶対精神・世界精神）に区分し、世は神の自己展開過程、反省・否定の現わしとして変化するという。これをヘーゲルの客観的な弁証法と呼ぶ。

キェルケゴールもこのような区分、世（人間）と神、被造物と創造主の絶対的な違い、質的な違いを区分し、創造主と出会えるのはひたすら個人の信仰だという。その信仰は人間の内部（魂、理性、直観、感情など）ではなく、または被造物の間で作られた何かではなく、人間、被造物の世界への限界認識と、それを脱している神への志向性である。すなわち被造物としての限界を徹底的に認識した創造主への従順、信仰の自由、決断を述べたものである。このような限界認識と信仰の決断という跳躍のやり方で神と人間はつながり得るということ、これを主観的・実存的弁証法という。

バルトの弁証法的神学はこのような客観、主観の弁証法の統合といえる。バルトの弁証法的神学は、第一に創造主と被造物の質的な違いがあるということ[22]、第二に創造主によって被造物が構成した世界（観念、理念、イデオロギー）は否定され、変化していくということ、第三に人間はそのような否定と変化を各個人に与えられた命令として、従順な信仰の決断として受け入れられるということである。[23]このような弁証法的神学は当時のドイツ国家社会主義と対立しつつ、その神学の特徴を示した。

（3）肯定神学「和解論」、『教会教義学』を中心に

バルト神学は大きく『ローマ書』時代と『教会教義学』時代に分かれると話す。これを前期バルト神学、後期バルト神学と呼ぶこともある。『ローマ書』においては、神が人間、被造物の世界を否定し裁く方式で自分の絶対他者性を表すものだったとすれば、『教会教義学』では「絶対他者としての神」を認めながら、「神の恵み」を強調する「肯定の神」について語られている。『教会教義学』が神と人間の和解、人間と世の和解、人間の間の和解を扱った「和解論」が最も多い量を占めている理由が、このような「肯定の神」に対する理解にある。また『教会教義学』[24]こそが、近代哲学から外れたカール・バルトの固有の神学であるといえる。[25]

神の恵み、和解、肯定の背後にはイエスがあり、イエスこそが和解や肯定を可能ならしめるのだという。人間と質的な差がある神が、自らを限定し、イエスとして被造物人間の中に存在し、歴史的な存在として現れた。しかし大切なことはイエスが世、人間においては排他性と包括性をもった出来事として現れたことである。その出来事は十字架の死―復活の順序があり、それは「世、人間への葛藤・審判」と「世、人間の克服・救い」順序でもある。それを統合するのが『教会教義学』の「和解論」である。神の恵みを現わす「和解論」[26]には順序[27]と統合がある出来事なので観念ではない実質的な（reality）・歴史的なものだという。

十字架は「（積極的な意図をもった）否定的な出来事」として、そしてその上で、復活は「（否定的な前提をもった）積極的な出来事」として、区別をもった二つの事柄である。そのようにして、十字架は和解の出来事の出発点であり、復活は和解の出来事の目標点であるが、この出発点と目標点は、その関連において、一つの事柄、すなわち、和解を形成しているのである。[28]

3　不可逆神学

滝沢克己は自分の専攻である西洋哲学をもとに、バルト神学、西田哲学を批判的に受容、統合しながら自分の「不可逆神学」を完成していく。それではまず滝沢がバルト神学、西田哲学のどの部分を批判しているのか考察してみる。

(1) バルト神学の問題点

滝沢の「不可逆神学」はバルトの弁証法的神学、「絶対他者としての神」の理解から始まった。「世（人間）と神の質的な差、その差は死という否定、審判の方式で現われているということ、そして創造主による世（人間）の変化がある。このような区分と方向性が被造物人間の中に神の神性が入っているイエスによって、初めて知られ、実質的な信仰にもつながる環境になった」というバルトの話に滝沢は積極的に同意する。

ところがここで滝沢はバルトが重要な部分を見逃しているという。被造物人間の中に神の神聖が入っているのも、やはり神の自己限定、自己啓示である。またイエス以前にもすでに、根源的に人間は創造主によって作られ、直接関係しているという事実もイエスを通して表わされているという。この部分をバルト神学は見逃していて、この区分がなかったらいつでも人間イエス、歴史的イエスが絶対化し、偶像になる可能性を持つことになると指摘する。それで滝沢はイエスにより知られた神と人間の関係を二段階に分けて説明する。[29]

第一義の接触・インマヌエル：イエス以前、隠された状態としての神と人間の関係、根源的な形としての関係

第二義の接触・インマヌエル：イエス以降、現われた状態としての神と人間の関係、信仰が可能な形としての関係。

（2）西田哲学の問題点

滝沢は西田哲学の問題点を指摘する。しかしこの問題点はあくまでも神学の観点から提起される問題点である。滝沢は自身の不安が解消された「無の場所」哲学との出会いを宗教体験という。しかし西田の「無の場所」の哲学は人間、実存（世界―内―存在）に属している。

それにもかかわらず滝沢の批判についていくなら、「無の場所」哲学は人間、実存（世界―内―存在）を抜け出せていないという。滝沢は西田が直観で純粋経験の空間、「無の場所」を目指すが、それは依然として人間、実存（世界―内―存在）の空間の中での理解であり、その背後にある神と人間の関係、神から人間への方向性や流れ、変化の面がないという。

かくして我々は、第一部に述べるところに対照して前期西田哲学の欠陥を指摘するならば、大体次の如くいうことが出来るであろう。第一にそれは、創造主と被造物との間の絶対の秩序を理解せざるものである。第二にそれは創造主たる神、永遠の今の内部に於ける組成を全く明らかにせざるものである。第三にそれは、人間の死が、その荷う罪の故に絶対に避くべからざる神の刑罰なることを知らざるものである。従ってそれは第四に、神と、神が創造に際して置く虚無と、人間の為に死の淵となった虚無とを混同するものである。かくして最後にそれは、単なる因果的自然と神の創れるものとしての現実の自然の区別を関係とを、厳密に解明することを得ざるものである。始めに述べた如く、前期西田哲学は決して単なる唯物論でもなく観念論でもなかった。しかし唯物論に非ずというも、なお因果的自然の範疇によってすべてのものを見ようとはしなかったということにすぎない。[30]

西田哲学に対するこのような指摘からも分かるように、滝沢をキリスト教の神学者と名付ける理由は、神と人間の関係が明らかになり、信仰が可能にしたのは、「神の自己限定を通じた世への方向性や流れが確かにある啓示、イエスを通じて」ということを話しているからである。

（3）不可逆神学の定義

滝沢は西洋哲学を元に、西田哲学、バルト神学を以下のように批判的に受容、統合した。それらは神と人間の不可逆関係で説明される。

	西田哲学	バルト神学
受容	無の場所：Mo （主体と客体が分かれない純粋な空間、生成の空間）	神の創造：M 神と人間の質的差異の徴である 死と審判：-Mo 変化する世界：Mx→My
批判	人間、実存（世界―内―存在）に限られている。 方向性、流れ、変化の欠如	歴史的イエスの絶対化の可能性

創造主（M）は自分の意志で世界を創造する。創造主（M）によって世の中は変化する被

造物（Mx）として理解される。その創造の属性には無（Mo）が存在する。創造主（M）は、無（Mo）を通じて世界（Mx）を継続的に創造し、被造物にとってそれは新たな変化（Mx→My）である。創造主（M）と被造物世界（Mx）の質的な違いは死（-Mo）で表れている。しかし、人間はそのような創造主（M）、被造物としての自分のアイデンティティを自ら知らない。それで死（-Mo）がただ恐怖の対象、原罪のように残っている。ところが、創造主（M）の自己限定、啓示であるイエス（第二義の接触）を通じて、このような創造主（M）と人間の直接的で根源的な関係（Mxのm）（第一義の接触）を表してくれる。それで死（-Mo）は神の創造の属性である無（Mo）にもつながり、人間はそれへの信仰により死（-Mo）から解放される。

滝沢が、西田とバルトに対する批判と受容を総合して、普遍的に説明した「不可逆神学」は以下の通りである。

> 神（M）はこの世界（Mx）と絶対虚無（Mo）を隔て相対し、相接する。かくしてMxに於いてある人間が神に背けるものなるを似て、Moは単にMとMxを隔てる非可逆的な秩序であるのみならず、現実に於いては常に人間にとって絶対の力であり、この世界の絶対の死を意味するもの（-Mo）である。この場合我々は特にMoと-Moを混同しない様に注意しなければならない。この区別を怠る時、それはまた必然にMとMo及び-Moとの混同に導き、絶対の非連続の連続の意義は失われざるを得ないであろう。[31]

現実の世界Mxが次の現実の世界Myに移るには、一旦それがMoに消え去らなければならない。それは-Moに消えることによってM.—Moにから生まれるのである。[32]

（4）不可逆神学の意義

「不可逆神学」において様々な意義があるが、稿者は宗教的な観点で2つの意義を示す。

第一義、滝沢は西田哲学とバルト神学を批判的に受容・統合することで、仏教とキリスト教の間、宗教間の対話の環境を整えた。実質的に滝沢によって宗教間の対話、特に仏教とキリスト教の類似点と違いを比較分析する対話が行われた。

日本で最も生産的なキリスト教と仏教の対話は滝沢克己と久松真一[33]との対話だと評価する。[34]対話の方法は、まず一つの共通的基盤、「一つの実在点」を探し出し、それぞれの価値を話し合うことである。「一つの実在点」は、何より先にある人間に対する根本的な規定として、垂直な秩序として定着した標識ではなく、共通の基盤で生成するような水平的な実在を見いだすことであった。[35]

稿者は「一つの実在点」を「不可逆神学」の創造主の創造性（M、MoによるMx→My）または弁証法的な属性（Mx→My）にあらためて置きたい。これにより共通の基盤もできるし、それぞれの足元に（共通の基盤による・否―然り・）流れる主体性や個性を確保してくれるからである。

第二義、「不可逆神学」はキリスト教の独善と傲慢に対して、人間イエスの絶対化の可能性やイエスを信じるキリスト教の絶対化の可能性を批判し、バルトの神学にもそのような要素があるという。稿者はバルトの「和解論」を基盤とするキリスト論が神の創造、神の啓示に先立っているということに対して「不可逆神学」が対立すると考える。滝沢が「第一義の接触・インマヌエル」、「第二義の接触・インマヌエル」に分けて神と人間の関係をいうのも、バルト神学のこの部分を問題点としてみているからである[36]。

不可逆神学は世界を創造して変化させる創造主を基盤としている。バルトの「和解論」も創造主による出来事の体験や理解に属すべきである。さらには実存の観点からは「出来事中心の解釈学」の一つだと考える。

稿者は創造主が前提となる「出来事中心の解釈学」で、「和解論」を含む様々なキリスト論・キリスト教理が理解される時、キリスト教の独善と傲慢、人間イエスやキリスト教の絶対化の可能性はなくなると考える。この点については次章Ⅲであらためて確認する。

ちなみに「出来事中心の解釈学」でみる不可逆神学は世界において人間が作る特定の政治権力やイデオロギーになるのではなく、それに抵抗し、審判を告げるのである。また政治権力やイデオロギーから排除や疎外された者には希望を与え、赦しの中心とする。実質的には聖書の歴史的な預言者の生き方や預言、イエスの生涯や言葉でそのような要素が明らかになった。

Ⅲ　不可逆神学への解釈学的理解をめぐって

1　解釈を通じた主体―ポール・リクール

　ハイデッガーは西洋の形而上学、デカルトから始まるカント、フッサールなどの人間の理性、意識（主体）を強調し、そこから正確な事実、真理を探そうとした近代哲学を批判する。そして生きる人間の姿、実存の人間の姿を語ろうとした。それが「世界―内―存在」であり、それを基盤に理解するのが解釈[37]である。そのため、ハイデッガーの哲学は実存的な解釈学とも呼ばれる。哲学者リクールはハイデッガーの哲学である解釈学を基盤としている。しかし、リクールはハイデッガーのように既存の哲学とキリスト教神学を否定せず、批判的でありながらも受け入れた。なぜならリクールは解釈の方法について関心を持ち、悩んだ哲学者からである。ハイデッガーの解釈学が既存の哲学に対する根本的な問題点を指摘して解体しつつ、実存を強調したのだとすれば、リクールはその解釈をどのようにすべきか、どのように解釈してきたかについて注目したといえる。リクールはこのような解釈方法のために再び過去の哲学と神学を参照し、解釈学と結び付けた。

一方、リクールの解釈学の特徴は出来事を強調している。ある出来事が起き、それらの中には既存の世界観（イデオロギー）、既存の実存の理解[38]では盛り込めない出来事が存在し、それらが互いに葛藤し対立するようになる。その葛藤と対立を統合することが神話、象徴、歴史、言語の物語（解釈[39]）にもなったという。そのような神話、象徴、歴史、言語の物語（解釈）を各自が自分の物語として再解釈し、受け入れることで自分の主体が形成されていくという。近代哲学の人間の主体が理性・意識を基盤として考える存在であるとすれば、リクールの人間の主体は物語として解釈される存在である。

一方、リクールはキリスト教の伝統を大切にする哲学者でもある。リクールはキリスト教の伝統における形而上学、人間の理性、意識（主体）で構成された神の概念は拒否する。またリクールはユダヤ教、キリスト教の伝統における神は、「絶対他者としての神」でならなければならないという。

リクールは「絶対他者としての神」を語り、解釈学との対話を試みる。もちろんリクールは実存（世界―内―存在）から脱した神の存在が解釈学では容認されないということを知っている。それでリクールは「絶対他者としての神」を神学や解釈学的な枠組みから接近するのではなく、「悪の問題[40]」と神の恵による赦し[41]のような倫理を用いて接近する。

「絶対他者としての神」が既存にはない「見慣れない出来事[42]」として現われ、その現われ方を物語に解釈したのが悪の問題と神の恵による赦しだという。リクールはこれらが既存の世界観や価値観にはない、また既存の実存の中に新しく生まれることだ（新しくお互いに指示し合いながら連関（即）するといいつつ、「満ち溢れる倫理」とも表現する。

一方、リクールは宗教、キリスト教の出来事を解釈することに対してフロイト（Sigmund Freud, 1856-1939）の精神分析、ヘーゲルの弁証法が要ると主張する。なぜなら、フロイトの精神分析は人間の形而上学、人間の理性、意識（主体）を解体して排除し、ヘーゲルの哲学は再解釈の基盤を提供するからである。

フロイトの精神分析は、人間の形而上学、人間の理性、意識（主体）を無意識（実存に近い）から解体する。精神分析では意識より無意識が優先される。精神分析を通じて意識は解体され、無意識（実存）と関連した人間の肉体、欲望は明らかになる。フロイトは、人間が肉体、欲望による無意識に背を向け、自分の意識（主体）に集中すること、そのような意識を通じて固定された真理、善に縛られていることをナルシシズム（幻想）と見た。[43] 精神分析の目的はそのようなナルシシズムを解体することであり、リクールは宗教、キリスト教の中のナルシシズムを精神分析で警戒している。

また、ヘーゲルの弁証法（世界：Mx→My）について語る。ヘーゲルの弁証法は、人間の理性、意識を排除しながら、新しい解釈を可能にする。一つの解釈が、人間の理性や意識によって観念化され、絶対化されることはない。そこでは、新しい出来事やそれに関する新たな解釈を認め、またそれを待望することになる。[44]

一方、リクールは「絶対他者としての神」（見慣れない出来事によって現れる神）への理解をG・フォン・ラート（Gerhard von Rad, 1901-1971）の旧約聖書の解釈で見ることができるという。旧約聖書の預言者は、世と対比される「見慣れない出来事」で神に出会い、その出来事によって世界の実体とその世界を創造する神が開かれて見えるようになったという。

稿者はフォン・ラート『旧約聖書神学―イスラエルの預言的伝承の神学』[45]、『預言者たちのメッセージ』[46]を用いて、預言者が経験した「見慣れない出来事」と、その出来事で開かれて見えた世界と創造主について論じる。

2　預言者―ゲルハルト・フォン・ラート

フォン・ラートはドイツの聖職者であり、旧約聖書学者である。フォン・ラートは「歴史は啓示出来事なしに生まれず、啓示出来事なしに歴史は生まれない」という立場で旧約聖書を解釈した。フォン・ラートはその歴史や啓示の出来事を聖書の預言者を通じて、預言者には自分の生活の場、世界[47]があり、その中に神が「見慣れない出来事」として介入すると語った。

(1)　預言者の誕生背景

イスラエルの歴史は大きく二人の人物を中心に起きた出来事を軸にしている。

モーセがそのうちの一人である。モーセは奴隷のヘブライ人[48]と共にエジプトから脱出した。モーセと奴隷はカナンという地域に定着する前の約四十年間、荒れ野で遊牧民として生活を送ることになる。エジプトからの脱出、荒れ野での時間、定着はモーセがかつてエジプト[49]で経験したことのないことであった。モーセはそれを神による導き、神と出会った出来事[50]だと表現し、その神を既存のエジプトの神と異なる、「ヤハウェ・Yahweh」と称した。そのような葛藤・対立と勝利・成就の経験は、解放・自由を与える神への理解・解釈に至った。

その後、奴隷のヘブライ人は族長が治める部族連合体制を経て、王が存在し政治を行う王政国家、イスラエルに変わっていった。そのような王政時代にイスラエルの始まりを知らせた人物がダビデである。ダビデは元々平凡な出身の人物であったが、多くの試練と苦難を通じて王になった。しかし、この時の王は依然として「見慣れない出来事」でモーセが経験し、定義した「ヤハウェ神を信じる王」であった。「国家の王」であるが、構造化イデオロギー化された「国家の王」ではない。イスラエルという国家の伝統、歴史は「見慣れない出来事」、ヤハウェ神を根幹にしていることを象徴している。

しかし、イスラエルも「見慣れない出来事」、ヤハウェ神に対する信仰は徐々に失い、他の国家と同様に構造化、イデオロギー化していった。そのような現象をフォン・ラートは四つに分けた。[51]

①宗教混合主義、偶像礼拝：イスラエル内に複数の宗教が混合されている。

②宗教と政治の分離、宗教の政治化：政治が宗教の領域から脱した。人間の営みにおいて宗教より政治がもっと重要になった。宗教の政治化。

③経済的・社会的構造の変化：富と権力に対する集中化、偏重化が起きた。

④未来、希望への動力が消えた。イスラエルの混乱：エジプト、アッシリア、バビロンなどの過去の大国と新興大国の間の葛藤や戦争がイスラエル内にも起こりイスラエルは混乱に陥った。この混乱による敗北感と無力感はイスラエルの未来、希望を失わせた。

この時期（紀元前八五〇年―五〇〇年）に預言者が登場した。預言者はイスラエルが悔い改められることを求め、「見慣れない出来事」中心のヤハウェ神への信仰回復を強調した。このような悔い改めと信仰の回復の強調には、イデオロギー化した国家、政治化された宗教的な復興ではなく、神との出会いの出来事を記憶しようという意図があった。

（2）神との出会いの出来事、第一、二の解釈

預言者は自分の生活の場でそれに見慣れない、それを圧倒する経験、自分が解体される経験をすることになる。これは神秘的な体験でもあり、強力な事故・事件でもある。聖書ではこのような経験を神秘的な幻想・強圧[52]だといったりする。

預言者はこのような「見慣れない出来事」を通じて、二つの事実、イデオロギー化された世界とその世界をいつも新しく創造する「絶対他者としての神」を知ることになる。自分がその中、もしくはその間に立っていることも分かり、解釈（ケリュグマ—告知）が始まる。第一の解釈が世に向けた神の審判であり、次が神による救いの預言[53]である第二の解釈である。

（3）預言者の自由・実存的解釈

預言者は、「見慣れない出来事」、「神との出会いの出来事」を通して、第一の解釈（世への神の審判）、第二の解釈（神による救い）をした。それで自分の生活の場（既存の因果関係や価値基準）、世界（構造された世界）から自由になる。[54] 即ち既存の人間のいかなる価値基準からも解放されることである。

その後、既存の価値基準に代わりに新しい解釈、解釈三、四、…が生まれる。[55] 自分の生活の場・実存（世界—内—存在）の中に戻って、「新しくお互いに指示し合いながら連関（即）」する「満ち溢れる倫理」が預言者の自由・実存的解釈が生まれる。それが神による平和、正義、解放、赦しなどである。この解釈は人間の理性、意識（主体）による世界の構造化、絶対化、イデオロギー化を解体した後、人間の実存の中で新しく生まれた解釈である。

①アモス（紀元前七六〇年）

アモスは農夫出身である。アモスは宗教指導者と関係を持つ背景がなかった。アモスが預言者となったのは神の出会いである。それでアモスは宗教的な礼式や形態、制度には関心を示さず、むしろ彼らに対する批判、審判をした。彼らはモーセ、ダビデの神との出会いの出来事の伝統、ヤハウェ信仰を失ったという。アモスはモーセ、ダビデのような王が現れ、イスラエルを救うという預言をした。

②ホセア（紀元前七二一年）

ホセアは北イスラエル人として宗教的な礼式を担当した。ホセアが活動していた時期に北イスラエルはアッシリア（Assyria）によって滅びる。ホセアは北イスラエルの滅亡がヤハウェ信仰を失い偶像礼拝に陥ったイスラエルに対する神の審判であるとし、ヤハウェ信仰に向けた回心を強調した。今の試練は、神が与えたイスラエルのための訓練だと言い、イスラエルを救う神を強調した。

③イザヤ（紀元前七四〇年―六九〇年）

イザヤは南ユダ・エルサレムの人である。エルサレムは南ユダの首都で、当時の政治的状況、イスラエル周辺国の力の関係をよく感じることができる場所である。そのため、どのような政治行為を通じて平和を得るかがエルサレムの人々の関心であり、希望であった。しかしイザヤはそのような政治行為、平和、関心、希望を批判する。イスラエルを破壊して審判できるのは、周辺国ではなくヤハウェ神だという。そして、イザヤはそのような政治行為を通じて、希望を持つエルサレムではなく、神との出会いの出来事を記憶する都市、シオンについて語った。神はそのようなシオンのためにエルサレムを審判し、周辺強大国の傲慢と驕りに対しても審判すると預言した。

④エレミヤ（紀元前六二六年）

エレミヤは、バビロンという新しい強大国によって南ユダが滅亡し、南ユダの人々がバビロンの捕虜になった時代に活動した。イスラエルの恥と挫折が最高潮に達した時代である。エレミヤは自分の苦しみをよく話す預言者としても有名である。他の預言者は個人の苦しみや個人についてほとんど言及しない反面、エレミヤは自分の苦しみを語った。しかし、このような自分の苦しみが自分の神との出会いの出来事より優先されたわけではない。エレミヤの苦しみは、新しいパラダイム転換を予告したものである。それはイスラエルの回復を望まず、神をより普遍的な観点から見ることになることである。すなわち、神の審判はイスラエルの審判ではなく世界の審判であり、神の救いもイスラエルの救いではなく世界の救いに変わっていく。結局自分の苦しみはイスラエルの中の自分の状況がすべて排除されることから来ることである。また、これは創造主の属性をより具体的に現わしたものでもある。

フォン・ラートはこう表現する。

ここでは再び世界史的な変革と、それがもたらす取り壊しについての表情が響いている。この神の語り掛けには神の悲しみの基調が伴奏している。神が自ら建てたものを引き倒すというこの業に対して神が感じる苦しみを暗示している。神が歴史における自らの業を取り壊さざるを得ないこの審きの時の中に人間はよき日を期待することは不可能である。預言者と彼を取り巻く人々が、神の取り壊しの業に全く特別な仕事で関係づけられるとしても、決して不思議ではない。したがってバルク[56]は良心的にこの受難の道の具体的な事柄をすべて追うのである。なぜならエレミヤと関係する大破局は決して偶然にやって来るからではなく、この破局において神の取り壊しの業が完成するからであり、ここで一人の人間（エレミヤ）が特別の仕事で神の苦難に参与したからである[57]。

あなたは、かつてこう言った。『ああ、災いだ。主は、私の痛みに悲しみを加えられた。私は嘆きで疲れ果て、安らぎを得ない。』バルクにこう言うがよい。『主はこう言われる。私は自分が建てたものを破壊し、自分が植えたものを引き抜く。全地をこのようにする。あなたは大きなことを求めている。求めてはいけない。私はすべての肉なるものに災いを下そうとしているからだ――主の仰せ。しかし、あなたがどこへ行っても、あなたの命を戦利品とし

てあなたに与える。』エレミヤ書　45章3―5節

選民（神から選ばれた）というイスラエルの特権は何でもないということをエレミヤは知るようになり、同時にイスラエルのいかなる行為、イスラエルへの悔い改めや従順も要らないという結果に至った。同時に新たな希望を語るが、それは人間のどんな行為にも拘束されない神の直接介入する出来事、救いである。そしてそのような救い、待望に応える存在は人間のどんな因果関係にも関係しない存在になると話した。見慣れない出来事、見慣れない存在の救い主[58]が現れるという。

⑤エゼキエル（紀元前五九三年―五七〇年）
エゼキエルはエレミヤとほぼ同時代の人である。エゼキエルはバビロン捕虜の一人であった。捕虜でありながら預言者であるエゼキエルは多様な人々を相手にしなければならなかったので、エゼキエルの預言は他の預言者たちに比べて比較的論理的でソフトであった。またエゼキエルはイスラエルという集団ではない一個人、個人に関心を持つ審判と救いの預言をする。

⑥捕虜期以降の預言者たち（ハガイ、ゼカリア、ヨナ、紀元前五二〇年以後）
バビロンが衰退し、イスラエルの捕虜生活も終わることになった。この時の預言者たちはバ

ビロンによって破壊されたエルサレム神殿の再建を預言した。これは、ヤハウェの神を象徴する神殿が破壊された後、イスラエルの民がヤハウェの信仰を信頼しなくなったことに起因する。このような状態で預言者は目に見える希望を語らなければならず、それがエルサレム神殿の再建であった。しかし預言者は「神との出会いの出来事」を優先する預言者である。それで神殿の進行過程、完工もあくまでも神の志によるものだとし、神の出会いの出来事の中心性を忘れないように努力した。同時にエレミヤによる預言も続く。既存のイスラエル、エルサレムではなく、新しい神の民が集まった神の都市シオン、その都市シオンを治める新たな指導者、普遍的な民、普遍的な都市、普遍的な救い主の到来を待望した。

⑦黙示文学・終末論

イスラエルは、バビロンの後にも大国の侵略と支配が続いた。この時、預言者たちは自分たちの身分を隠したまま、新しい形の話、預言を始める。それが黙示文学・終末論である。人間の力の集約、イデオロギー化した強大国の戦争の中で彼らが注目したのは、神の圧倒的であり持続的な審判の源（Mo）、すなわち「絶対無（Mo）」であった。大国が人間の力、驕りを現わして、イスラエルが解体された状況の中で、預言者が神の出会いの出来事を露にする、質的な違いを持った神を露にすることは「絶対無」であり、それが黙示文学・終末論になった。黙示文学・終末論は、人間の力、驕りの中で、「絶対無」で「神との出会いの出来事」を露わにしていることであった。

（4）ヨブの神

旧約聖書のヨブは預言者のようにイスラエルの歴史的人物ではなく、イスラエル近隣地域にも口伝で伝えられる虚構の人物に近い。そのようなヨブの物語が旧約聖書に入ってきた理由は、旧約聖書の根幹になる「見慣れない出来事」、「神との出会い」という大きな流れと関連しているからである。

ヨブは信心深く、正直で、誠実で、尊敬される人である。ところが理解できない苦痛と試練の出来事を経験する。家族、財産を失い、自分の健康も失う。ヨブはこのような自分の苦痛、試練の理由が分からなかった。そのため、その明確な理由を神から聞こうと考える。神は沈黙し、代わりに友達が来てその理由に答える。ヨブが友達の返事に満足できず追及し続けると、友達は「お前が知らない間に犯した罪が必ずあるだろう」と話す。しかしヨブは、自分がそのような苦痛と試練を受けるほどの罪は犯さなかったと宣言する。そしてヨブは、徐々に神はいないという結論に至る。神と自分にとっていかなる因果関係も見られないとして、ヨブは自ら無神論者になる。神へのヨブの完全な放棄後、神はヨブについに答える。その答えはヨブの質問、状況とは関係のない自分の創造性に対する説明であった。無から有をつくる創造性である。ヨブは、その時になって神を知ったと告白する。[59]

これが聖書の語る神である。人間の因果関係や価値判断で理解できない、それが無にならなければならないことから始まる神である。

3　解釈学による不可逆神学

預言者は自分の生活の場の「見慣れない出来事」で二つの事実を確認して確信する。創造主は存在し世は創造された、そして変化するという事実である。その確認が自然に世への審判、世の救いの解釈になる。その後自分の生活の場（実存、世界―内―存在）に戻り、神の平和、正義、解放、赦しなどの自由・実存的解釈が始まる。

「不可逆神学」は神が世界（人間）を創造していくということ、その事実がイエスという「見慣れない出来事」で明らかになった。イエスには十字架の死（審判）、復活（救い）という順序・解釈構造がある。「見慣れない出来事」としてイエスと出会った弟子たちとクリスチャンは神の愛、恵み、赦しなど自由・実存的解釈をする。バルトの「和解論」もここに位置付けるべきだと思う。

これらはリクールの「絶対他者としての神」との対話を試みる解釈学ともつながっている。構造化、絶対化、イデオロギー化された世界と人間の実存の中では答えられないある出来事が発生する。そこで対立や葛藤を起き、その後、その出来事を中心に実存で統合される新しい解釈が「満ち溢れる倫理」である。

リクール解釈学（哲学）、預言者（宗教）、不可逆神学（キリスト教）の類似性を次のように整理する。

	リクール解釈学	預言者	不可逆神学
解釈の中心（始まり）	出来事	神との出会い	イエス（第2義の接触）
第一の解釈	葛藤、対立	世への神の審判	イエスの十字架の死
第二の解釈	克服	神による救い	イエスの復活
第一、二の解釈より解釈される人間	解釈を通じた主体	神の民	クリスチャン
以後の自由・実存的解釈三，四…	満ち溢れる倫理…	神の正義、平和…	神の愛…カール・バルトの「和解論」
統合の源	弁証法	創造主	創造主（第1義の接触）

4　滝沢の天皇理解への不可逆神学の観点からの批判

滝沢克己の神学を研究する者を悩ませるのは、滝沢の天皇に対する理解と解釈である。当時の社会的雰囲気を知らず、日本人ではなく、さらには日本の被支配国だった韓国の人間である稿者の立場を鑑みたとき、滝沢の天皇に対する理解を論じることについては非常に慎重にならなければならない。稿者はそのような懸念とともに、滝沢の言う「不可逆神学」の深化という立場の下で、天皇に対する滝沢の理解を批判的に分析する。

滝沢は戦争の真っ只中、自身の著書『神のことば人の言葉』で天皇についてこう記している。

我々が天皇によって生まれ、天皇によって死するといふことは、あらゆる反対の外見にも拘らず、単なる古代人の錯覚ではなくして、深く我々の存在の根底を穿いた真理であると思ふのである。皇孫の天降りたまひし日の如く、今も赤いきいきと働きつ、ある事実であると思ふのである。天皇の御言のまにまに生き且つ死するといふことが、今日の我々にとっても亦、物そのものの事理にかなへる、唯一の合理的なる生き方であると考へざるを得ないのである。何となれば、我々のうち一体誰が、自ら考へて母の胎内に宿つたであらうか。一体誰が、自ら決意して此の世界に生まれて来たであらうか。更には又抑々如何なる人が、母の懐にあり し幼き日、自ら働いてパンを得たであらうか。我々の生命は既にその出立点に於て、我々の手によっては如何ともすることの出来ない他の力によって働くのである。[60]

小林孝吉は「これが「天皇」＝「神」の「御言葉」のまにまに生き／死する、あるいは、神人の「創造的関係」が親子の「血縁的関係」となり、「君臣の人倫的関係」へと連なること―少なくとも、ここでは滝沢のインマヌエルの事実の表現は、そのまま天皇制を支える国体の思想と二重写しに見えてしまう」という。[61]

また小林は滝沢が著書「誠と取引」の中で、イエスと天皇を比較しているという。

現人神にましますと共に、現神にいていますと共に、又現人にておはします。といい、天皇の実存は架空の神ではなく、現実の主として生き死ぬ「現実の人」であるがゆえに、「我々は、天皇の御喜びに歓ひ踊り、天皇の御悲しみにひれ伏して泣くことが出来るのである」とまで表現している。この「現神」／「現人」という関係は、そのまま人間イエスと神なるキリストの関係をも彷彿とさせるのである。[62]

滝沢の天皇に対するこのような理解と解釈は、日本社会全体が天皇の名前のもとに国家イデオロギー形成に圧倒されている時期に行ったものである。また戦争が終わった今になって、滝沢のそのような理解と解釈に批判を加えるのは第三者としての厳しい指摘かもしれない。しかし滝沢が本人や人間の存在、神と人間の関係に対する自分の悩みと努力の結果として成された「インマヌエル神」、そしてイエスへの理解をあまりにも簡単に天皇に結びつけて理解、解釈したことには違和感を覚える。

戦後、滝沢は全学共闘会の一九六〇年代後半から始まる学生運動と関連して積極的な支援を行うなど、次第に人間がつくる特定の政治権力やイデオロギーに加担するのではなく、そこから排除され疎外された者に対して、希望や赦しを説く、聖書の預言者の生き方や預言、イエスの生涯や言葉を担って生きるようになった。しかし滝沢の晩年の著書『日本人の精神構造』を見ると、依然として天皇を「インマヌエル神」の関係で語っている。

「天皇の神聖」ということは、事柄そのものの順序からいうと、まず第一に、人間がその神聖な限界内で、そこに秘められ約束された生涯の原動力を映して、お互いに相扶け相励ましつつその生を営むかぎり、全集団の中心に、ついにはかならず現わされて来ないわけにはいかない唯一つの地位に固有な権威―あらゆる人間の恣意を超えていわば上から来る、人としてはただこれを承認するほかない必然性―を意味するといってよいであろう。[63]

小林は、滝沢がそれらを簡単に結びつけたことときごちなさの理由を次のように推論する。滝沢が教会の外には救いがないというバルトに対する反論から、教会の外にも「インマヌエル神」、イエスの表象と痕跡を求めようとし、それが日本の天皇であったという。[64] 滝沢は、自分の生活の場である日本での「インマヌエル神」、イエスの表象と痕跡を天皇から探している。滝沢にとっては他の何よりもその課題が大きく、その課題として「インマヌエル神」、イエスと天皇を繋いで、支えとしたいという。

小林のこのような分析と意見は妥当だと考えられる。滝沢が日本の文学[65]、小説と詩、そして政治、経済においても「インマヌエル神」、イエスの表象と痕跡を探して求めようとしたことは、小林のこのような主張を裏付けている。

しかし小林のこのような分析は、滝沢神学の問題点と矛盾を理解しようとする思いやりの行為にとどまることになる。稿者は「不可逆神学」に対する再省察、再検討、深化としてこの問題に接近し解決しようと思う。

これまで論述したように、「不可逆神学」はイエスという出来事、「見慣れない出来事」から始まる。まず「第一の解釈」（十字架の死、世への神の審判、葛藤や対立）が最初に起こり、次に「第二の解釈」（イエスの復活、神による救い、克服）が起こった。これが変わることを望まない世界の支配勢力と葛藤して対立した[66]。また支配勢力から排除・疎外された人には希望になった。なぜなら排除・疎外された人にとっては、「第一の解釈」を経て「第二の解釈」の手順を踏むことによって、「新しくお互いに指示し合いながら連関（即）する」ことが可能となり、「満ち溢れる倫理―赦し・正義・和解など」につながる意味で、彼らの厳しい現実を変えるための現実的な認識の中心、軸となり得るからである。

ところが、当時イデオロギーになった天皇[67]と日本に対する滝沢の理解には、その第一の解釈がない。代わりに滝沢は、第二の解釈から天皇や日本を理解した。それにより「否―然り」、「葛藤―克服」、「審判―救い」、「第一の解釈―第二の解釈」という順序や解釈構図がなくなった。然り・克服・救い・第二の解釈だけがあり、これゆえに不可逆の方向性、流れが見えなくなったのである。

それにより天皇に結びつけられた「インマヌエル神」が、ただ世と区分された見事な・固定された神に見える。また、実存でも地域と性別と年齢を自由に超える普遍的価値である「満ち溢れる倫理」が実質的ものとして生まれることではなく、日本に昔からすでにある見事な徴に見える。滝沢の晩年の作『純粋神人学』の「神の国と地上の国」[68]にも相変わらず「然り・克服・救い・第二の解釈」が最初に出てくる。また不可逆性は単純な区別、「不可同」に属するものになり、結局は「インマヌエル神」も形而上学的、二元論的な神に見えてしまう。

インマヌエルの神の存在・支配は、たしかにこの出来事の隠れたる原初の基礎であり、結局の目標ではあっても、歴史内部のこの出来事は、その神の存在から単に連続的に派生した結果ではない。神と人とのあいだ、天と地のあいだには、そのような連続的に一方から他方へ渡ることの絶対に不可能な区別・限界がある。私たちはただインマヌエルの神により、神において一切諸物・諸人に置かれているこの限界内で、ともかくも事実起こった出来事として、ただ単純な驚嘆、言語を絶する感謝と恥じらいをもって、これを認めるほかならない。[69]

そして滝沢は「インマヌエル神」と「不可逆神学」を、自然と人間の間で生まれる自然発生的な構造を指す構造主義[70]を基に説明する。天皇は日本内の権力者が自分や人間の存在の根拠を忘れて絶対化することを警戒させ、神と人間との元の関係「インマヌエル神」を表わす存在として太古から日本にあるものだという。

のちのちの権力者たちも、他の実力者と争って勝とうとするようには、天皇を敵として争うことが出来なかった。そうしてこのことが、その富と力を賢さのゆえにややもすれば己れを絶対化しようとする権力者の衝動に対してばかりではなく、一般に人間の正邪・善悪・強弱・賢愚を究極的な基準としてすべてを測りかつ裁こうとする抜きがたい人間の傾向に対する、一つの強力な歯止めとなった。[71]

「天皇の神聖」ということが何よりもまず第一に、それ自身照らす鏡である人間共通の基盤ないしその根源的なロゴスを、人生・世界の内部において映し出す中心的地位に属するものだったかたであろう。[72]

滝沢が西田哲学・バルト神学で問題視した「不可逆性」が本人の足元に戻ってからはなくなり、神と人間の関係を形而上学や二元論的、構造主義から捉えている。もし滝沢が「不可逆神学」を日本にもあるという弁証・弁護、または日本の自然発生的ものとしてみなすのではなく、自分の足元である日本に向かって「第一の解釈」をして、国家イデオロギーになる可能性が高い天皇[73]についてより警戒的な立場を持ったらどうなるか。

それは、日本という国家を、国体を超えるダイナミックで普遍的な価値・希望が実質的なものとなった新しい日本を生み出すことではないか。

Ⅳ　結論

論文の前半部は滝沢の「不可逆神学」の形成過程が西田幾多郎の哲学とバルトの神学という二つの軸を中心にあることを検証した。この二つの軸に西洋哲学を基盤とし、西洋哲学に基づいて西田と滝沢は自分たちの哲学と神学を紹介し、弁証したということを明らかにした。西洋哲学のうち、デカルトとカントの主体哲学、ヘーゲルの弁証法哲学、ハイデッガーの実存哲学が西田哲学、バルト神学に多くの影響を与えたことを分析した。稿者がこれらの哲学に注目して分析したのは、特定の個人、宗教に属する思想、価値観といえる「不可逆神学」の普遍性を確保しようとしたからである。ただ、観念と実存の間で、主体と客体の間で志向性を述べたフッサールの哲学に対する論議が十分になされていないことは、今回の論文の問題点として今後の研究課題になるだろう。

さらに、稿者は滝沢が西田哲学とバルト神学の中の不可逆的な性質（神→人間）の欠如、問題点を指摘することで自分の「不可逆神学」を完成したということを分析した。そして「不可逆神学」が人間の普遍性と個人の主体性を共に保存しているという「不可逆神学」の意義についても指摘した。

論文の後半部は「不可逆神学」の普遍性と主体性が人間の実存でどのように表われ、理解されているかについての分析を行った。そのために、リクール解釈学を軸に、実在の人物であった預言者をフォン・ラートの本で紹介した。預言者は既存の構造、体系には似合わない「見慣れない出来事」に注目した人であり、その「見慣れない出来事」を中心に既存の構造、体系に対して新しい解釈をした者であった。それが世への審判と神による救いの解釈であり、自分の生活の場に戻ってからは神の正義、愛、平和のような（リクールの表現では「満ち溢れる倫理」）解釈につながった。実存での人間の普遍性と個人の主体性は「見慣れない出来事」に対する解釈に基づいているということである。

稿者は滝沢の天皇に対する理解を「不可逆神学」の立場から批判的に分析した。その批判的分析の中、滝沢の天皇の理解がまるで構造主義に対する理解の延長線にあるようだと極めて短く話した。稿者の今回の論文ではこのような構造主義（特にフェルディナン・ド・ソシュール[74]の言語学）と「見慣れない出来事」を中心とする「不可逆神学」を比較分析する考察が足りなかった。ソシュールは言語が人間の中で自然発生的に体系化（ラング）されたこと（無意識）であり、ある出来事（パロール）はラングにいつも遡及されているという。つまり出来事より体系が優先した。滝沢の天皇に対する理解からこのような構造主義の様子が見える。天皇をロゴス（太初の言）や体系[75]と関連付けて言及することも、このようなソシュールの言語学、体系に対する理解に似ている。言語学の観点から出来事と体系との論議・すなわち出来事と体系の中心性についての考察する部分が、今回の論文・研究では足りなかった。

稿者は「不可逆神学」が出来事に中心性を置いていると改めて定義する。しかしその出来事は体系を解体する目的ではなく、実存での新たな関係理解を生み、その過程は弁証法的理解、創造主に信仰にあるということを意味している。

稿者は韓国に生まれ、キリスト教会の牧師になった。現在は日本教会の牧師として働きながら日本で住んでいる。日本は住んでいる生活の場であり、キリスト教、教会の宣教と伝道の対象である。

「不可逆神学」は学問的な考察でもあるが、私にとっては実存での希望にもつながっている。「不可逆神学」により、「第一の解釈―第二の解釈」を通して現れる「満ち溢れる倫理」が私の実存での希望である。外国人・韓国人の私にとって、日本を超える「満ち溢れる倫理」が実質的なもの（reality）として望まれる。また、これはただ私だけの希望ではなくて、日本社会の人々の希望になることも望み、それが日本へのキリスト教の宣教・伝道だと思う。

注

1　一九八四年七月、ドイツのハイデルブルク大学で名誉神学博士の授与式が予定されていたが、授与式を数日後に控えた六月二六日に滝沢は逝去する。

2　金珍熙『滝沢克己神学研究―日本的な神学形成の一断面』、モシヌンサラムドル社、二〇一四年、一三ページ。

3　柴田秀『滝沢克己の世界・インマヌエル』、春秋社、二〇〇一年、一五―一六ページ。

4 寺園喜基『カール・バルトのキリスト論研究』、創文社、一九七四年、一三五ページ。

「滝沢のキリスト論の構造に内在する神の子についての問題は、滝沢のキリスト論が、一面において（インマヌエル・神と人間の元関係に関して）存在論であり、他面において（徴としての人間イエスに関して）歴史主義的であるという、いわば二元論的な構造の姿を呈しているという印象を、たとえ滝沢の本意はそうではなくても、われわれに与えるのである。」

5 同右、一三七ページ。

6 金珍熙、前掲書、二三ページ。

7 同右、四六ページ。

8 滝沢克己『滝沢克己著作集』六、「Cogito ergo sum」、法蔵館、一九七四年、四六〇ページ。

9 同右、三ページ。

10 ヘーゲルの「絶対精神・世界精神の自己展開過程」は近代以後のキリスト教の「父の神、子の神、聖霊の神」の関係や動きが世で現れるという「三位一体の神」への理解にも影響を与えた。

11 滝沢克己『滝沢克己著作集』一、「西田哲学の根本的諸概念」、法蔵館、一九七二年、九ページ。

12 滝沢克己『滝沢克己著作集』六、「唯物論と観念論」、法蔵館、一九七四年、四ページ。

13 滝沢克己『滝沢克己著作集』一、「ハイデッガーに於けるダーザインと哲学の使命及び限界」、法蔵館、一九七二年、三三二ページ。

14 同右、三三三ページ。

15「善の経験：理知的な反省が加えられる以前の直接的な経験、すなわち、あとからつけ加えられた概念、解釈、連想、構成などの不純な要因をあたう限り排除することによって得られた原初的な意識状態をさす。おそらくは幼児がもつと思われる、自と他、物と心といった区別が生ずる以前の未分化で流動的な意識のことをいう。この純粋意識を基礎に置く哲学には、マッハおよびアベナリウスの経験批判論、ジェームズの根本的経験論、ベルクソンの純粋持続の哲学などがあげられる。これらは実証主義から形而上学までその立場に違いはあるものの、新カント派などにみられる主知主義的傾向およびデカルト以来の物心二元論に対する根本的な批判の姿勢を有することにおいて軌を一にする。とくにジェームズは、純粋経験をもっとも基本的な『実在』としてとらえ、いっさいの観念や理論をこの直接所与、多即一の流動的実在から説明しようと試みた。わが国では西田幾多郎が、ジェームズや禅仏教の影響下に、主客未分、認識とその対象とがまったく合一した意識状態を純粋経験と名づけ、それを自己の哲学の出発点に据えた。」W・ジェイムズ『根本的経験論』桝田啓三郎他訳、一九七八年、白水社、西田幾多郎『善の研究』、岩波文庫、出典：小学館（日本大百科全書）

16 キム・ミョンヨン、『カール・バルト神学』、イレ書院、二〇一四年、一五ページ。

17 ハルナックとヘルマンをはじめとする自由主義神学、宗教社会主義者の大半が戦争に支持声明を出した。

18 キム・ミョンヨン、前掲書、一八ページ。

19 バルメン宣言（一九三四年五月三一日）は、バルトを中心として出されたイエス・キリストのみをこの世の支配者と見なす六条からなるドイツ教会闘争の神学的根拠になった宣言である。バルメン宣言の正式名は

「ドイツ福音主義教会（ＥＫＤ）の現状に関する神学的宣言」である。ドイツ告白教会がヒトラーとドイツ国家社会主義労働党（ナチ党）と、それを支持するドイツのキリスト人連盟教会に対抗して作った宣言である。ドイツ教会が聖書とキリスト教信仰を歪曲し民族教会になること、また戦争を支持することに対する批判と反対の声明であった。

20 キム・ミョンヨン、前掲書、二一七ページ。

21 古代ギリシア哲学と中世時代は人間の魂、近代は人間の理性で、神との連結、共有できる何かを探した。ヘーゲルとキェルケゴールはこのような連結の可能性を完全に排除する。

22 キム・ミョンヨン、前掲書、七八ページ。カール・バルトは死が世（人間）と神との間の質的差を区分し、世を無限に否定すると言う。

23 同右、一二三ページ。神学者のリチャードソン（K.A.Richardson）は各自の状況の中で信仰の決断を要求するこのような神学をポストモダン的神学とも呼ぶことができると言う。

24 バルトは『ローマ書』までは哲学を用いて自分の神学を展開したなら、『教会教義学』からは哲学用語を排除し、聖書と信仰の用語で神学を展開すると話した。

25 キム・ミョンヨン、前掲書、一二九ページ。

26 「まさしくイエス・キリストにおいて、しかしまたただ彼においてのみ、神の現臨という豊かさが満ち溢れて、また示される」寺園喜基、前掲書、五ページ。

27 ヘーゲルにとって現実認識は否定（否）する課程である。バルトにとっての現実認識も否が伴なうことであった。※バルトが滝沢にイエスなしの宗教体験を「それは原理的可能だが、事実的には不可能だ」と話した理由はもしかして現実認識の・否・がないことを言ったのではないか。

28 寺園喜基、前掲書、一七四ページ

29 滝沢克己『滝沢克己著作集』二、「信仰の可能性について」、法蔵館、一九七五年、四八ページ。

30 滝沢克己『滝沢克己著作集』一、「後期西田哲学の発展」、法蔵館、一九七二年、一〇四ページ。

31 滝沢克己『滝沢克己著作集』一、「西田哲学の根本的諸概念」、九六―九七ページ。

32 同右、九八ページ。

33 久松 真一（ひさまつ しんいち、一八八九―一九八〇）、日本の哲学者、仏教学者。

34 金珍熙、前掲書、一〇七ページ。

35 同右、一一五ページ。

36 寺園喜基、前掲書、二二二ページ。

「神が創造に先立って、人間を選び、人間の神になることを決定したという神の人間との契約は、神がキリストにおいて自らを和解せしめるという点において成就される。」

37 認識による説明は（主体と客体に分けて）固定してみることであり、解釈による理解は認識する前の（主体と客体に分けなくて）回ってみられること（存在らの指示・連関）である。ハイデッガーは解釈（理解）が認識（説明）より優先していると主張する。

38 リクールは出来事が既存実存につながる構造（言語体系）に編入されるという構造主義に対して部分的に認

める。しかしそれだけには理解できない出来事があると言い、それを預言者の出来事で証明する。リクール『解説の葛藤』ヤン・ミョンス訳、「構造主義の限界」、ハンギル社、二〇一九年、七一ページ。原著：Paul Ricoeur. Le Conflit des Interpretations, Points, 2013.

39 リクールはアリストテレスのアポリア（困惑、当惑、驚き）について話す。アポリアを人間（主体）が捕まえられるのは時間を構造にした物語だと言う。

40 リクールは、キリスト教神学、オーガスティン神学において、悪の問題に対する独特な理解があると述べている。悪に対してほとんど二つの考え方がある。悪が個人の問題か、ある根源的な勢力によるものか、それにより悪の問題への解決策も違うことになる。オーガスティンは罪の問題を善と悪、勢力と個人という二元論的に見ることではなく、自由意志（神に対する信仰の決断の問題）という新しい観点で見ている。人間の善と悪、勢力と個人を越えた創造主が存在し、その創造主が自ら決定できる神性な自由意志を人間に与えたという。これで悪の問題は普遍性や個別性を持ち、個人と社会の共同責任の問題にもなる。リクールはこのような理解、解釈が可能なことは絶対他者としての神の経験、信仰からだという。リクール、前掲書、三一六—三一七ページ。

41 因果関係による赦しではない。因果を越えた神の恵、愛に対する信頼を根拠とする赦しである。リクール、前掲書、三五一ページ。原著：Paul Ricoeur. Le Conflit des Interpretations, Points,2013.

42 バルトはイエスを「決定的に新しい出来事」、「前歴史的な出来事」、「排他的な出来事」などとして呼ぶ。このような出来事は因果関係や実存哲学の有意義で理解される出来事と異なる。寺園喜基、前掲書、一一七、

一八一、二〇九ページ。

43 フロイトは父（力）による幼児期の欲望の挫折が父に一致する代理満足、幻想に生まれ変わると言う。それが大人になってからは社会観念（構造化された力）と一致する傾向になるという。リクール、前掲書、一八二―一八三ページ。

44 リクール、前掲書、「宗教と信仰」、五四七ページ。

45 G・フォン ラート『旧約聖書神学―イスラエルの預言的伝承の神学』荒井章三訳、日本基督教団出版局、一九九一年。

46 G・フォン ラート『預言者たちのメッセージ』キム・ヴァンナム訳、ビジョンブック、二〇一八年。
原著：Von Rad Gerhard, *The Message of the Prophets*, Study Edition, 2016.

47 稿者は本論文のために「世界」を三つに分けて説明したい。第一は構造化された世界（イデオロギー）である。これは人間の理性、意識を中心に構造化されたものであり、ニーチェはそのような理性、意識の背景には、人間の力、権力意志があると話している。第二はハイデッガーが言う「世界―内―存在」である。主体と客体が明瞭に分かれない、意識する前すでにお互いに指示し合いながら連関（即）する、実存での世界―内―存在である。第三はユダヤ教、キリスト教の伝統の神（M）による「見慣れない出来事」で開かれて見える世界である。これは構造化された世界と対立（-Mo）することになり、神の創造によって変化する被造物の世界（Mx↓My）である。また「見慣れない出来事」によって実存の世界には「新しくお互いに指示し合いながら連関（即）する」理解・解釈（満ち溢れる倫理）が生まれる。

48 イスラエルの民は自分たちを奴隷出身であるが、神が自分たちを選択して神の民になったと考える。
49 当時エジプトは世界を構造化、イデオロギー化した価値観を持った大国であった。
50 イデオロギー化されたエジプト文化構造と対立する出来事である。
51 フォン ラート、前掲書、一六ページ。
52 ルドルフ・オットー（Rudolf Otto, 1869-1937）は、これをヌミノーゼと呼ぶ。世俗的な人間が解体される経験だと言う。この幻想はフロイトの幼児期の欲望挫折による幻想とは異なる。幼児期的幻想が内部の欲望（社会観念、構造化された力、イデオロギーに一致しようとする傾向）によるものなら，ヌミノーゼの幻想は外部の力による死の警戒線を超えて圧倒される経験だといえる。
※人間の恐れが幼児期の欲望を挫折させた対象によるものであれば、人間の不安は対象がない死によるものではないか。稿者は宗教が死による不安に関心を持つべきだと思う。滝沢も自分の宗教体験の根拠を不安が消えることで話した。この不安はキェルケゴールの死への被造物としての不安であり、ハイデッガーも死に向かう人間が実存的に持っているのが不安だと言う。
53 神による審判と救いは弁証法的な世界（Mx↓My）の構造と似ている。
54 聖書が預言者の個人的な部分、伝記的な要素を大部分排除した理由もこのような自由に起因する。
55 フォン ラート、前掲書、三三一ページ。
56 エレミヤの話を文書化した人物。
57 フォン・ラート、前掲書、二七七ページ。

58 キリスト教ではエレミヤの預言の救い主がイエス・キリストと言っている。
59 神が自ら隠したことである。これはイエスの十字架の経験と同じである。イエスの十字架の苦しみに、神は何の返事もなかった。その後イエスは復活し、神の創造性が明らかになる。
60 小林孝吉『滝沢克己　存在の宇宙』、創言社、二〇〇〇年、一〇〇ページ。
61 同右、一〇一ページ。
62 同右、一〇五ページ。
63 滝沢克己、『日本人の精神構造』、講談社、一九七四年、四九ページ。
64 小林孝吉、前掲書、一〇八ページ。
65 滝沢は夏目漱石、芥川龍之介の作品、日本の思想・哲学などをインマヌエル神、イエスの表象と痕跡で解釈しようとした。
66 ミシェル・フーコーは（Michel Foucault, 1926-1984）『狂気の歴史』で、イデオロギーは特定の人々の排除すること共に作られると言う。
67 少なくとも、当時の天皇は国家イデオロギーの為に理解されたことは反論の余地がないと思う。
68 滝沢克己『純粋神人学』、「神の国と地上の国」、創言社、一九八八年、七七ページ。
69 同右、一〇七ページ。
70 構造主義では個々の要素や事項よりも、あるいは主体的・意識的にふるまう個々人よりも、個に先立ち個の意味を決定する関係性が強調される。この関係性が個々の要素の意味を決定するからである。きわめて雑駁な物言いだが、この関係性が構造ということになる。同時に構造主義者（レヴィナス＝ストロース、フーコー、バルト、ラカンなど）は日常生活に潜む権力、他者を排除する仕組み、そして「オリジナル」という観念が幻想であることも暴いた。（出口顕、『ほんとうの構造主義：言語・権力・主体』、NHK出版、二〇一三年、四—五ページ、一七五ページ）　反面、滝沢は構造の中の権力、排除、観念、幻想への言及なしに神から世（人間）への関係を表わすものとして構造を解く。著者は滝沢の天皇理解が不可逆神学と構造主義哲学のあり方や本来の意味は消え、両方の取捨選択的な解釈と思う。

71 滝沢克己『日本人の精神構造』、講談社、一九七四年、一六一ページ。

72 滝沢克己『純粋神人学』、「神の国と地上の国」、創言社、一九八八年、五一ページ。

73 姜尚中（カン サンジュン、一九五〇年—、政治学者）は、著書『ナショナリズム』（岩波書店〈思考のフロンティア〉、二〇〇一年）において国体と天皇に関して話す。国体は、「自然性」と「作為性」を絶秒に配した一つの政治的な作品（イデオロギー）だという。「自然性」から「作為性」に流れて完成される象徴が天皇であるという。一一—一六ページ、六〇—六六ページ。

・国体と天皇は自然発生的な言語、言語構造（構造主義）で表現されているという。五〇—五一ページ。

・天皇と国体の形成は日本の内と外という境界や排除が必要だという。七四—八七ページ。

74 Ferdinand de Saussure（1857 — 1913）スイスの言語学者、言語哲学者。「近代言語学の父」といわれている。

75 滝沢克己『日本人の精神構造』、三二七ページ。

文献一覧

一次資料

滝沢克己『著作集一：西田哲学の根本問題』法蔵館、一九七二年。

滝沢克己『著作集二：カール・バルト研究』法蔵館、一九七二年。

滝沢克己『著作集六：近代主義の超克』法蔵館、一九七四年。

滝沢克己『日本人の精神構造』講談社、一九七四年。

滝沢克己『聖書入門一―五』三一書房、一九八六年。

滝沢克己『純粋神人学』創言社、一九八八年。

二次資料

単行本

姜尚中『ナショナリズム』岩波書店、二〇一一年。

金珍熙『滝沢克己神学研究：日本的な神学形成の一断面』モシヌンサラムドル社、二〇一四年。

〈原著：김진희『타지자와 카츠미 신학연구』모시는사람들,2014.〉

キム・ミョンヨン『カール・バルト神学』、イレ書院、二〇一四年。

〈原著：김명용『칼 바르트 신학』 이레서원,2014.〉

小林孝吉『滝沢克己 存在の宇宙』創言社、二〇〇〇年。

滝沢克己協会『今を生きる滝沢克己』新教出版社、二〇一九年。

寺園喜基『カール・バルトのキリスト論研究』創文社、一九七四年。

フリードリッヒ・ニーチェ『権力への意志』原佑訳、筑摩書房、一九九三年。

フリードリッヒ・ニーチェ『道徳の系譜学』中山元訳、光文社古典新訳文庫、二〇〇九年。

マルティン・ハイデッガー『存在と時間』細谷貞雄訳、ちくま学芸文庫、一九九四年。

ミシェル・フーコー『狂気の歴史：古典主義時代における』、田村俶訳、新潮社、一九七五年。

ゲルハルト・フォン・ラート『旧約聖書神学二―イスラエルの預言者的伝承の神学』荒井章三訳、日本基督教団出版局、一九九一年。

ゲルハルト・フォン・ラート『預言者たちのメッセージ』キム・グァンナム訳、ビジョンブック、二〇一八年。

〈게르하르트 폰 라트, 김광남 (역) 『예언자들의 메세지』 vision book,2018.〉

ポール・リクール『聖書解釈学』久米博・佐々木啓訳、ヨルダン社、一九九五年。

〈原著：Von Rad Gerhard' The Message of the Prophets. SCM Press, 2016.〉

ポール・リクール『解説の葛藤』ヤン・ミョンス訳、ハンギル社、二〇一九年。

〈폴 리쾨르, 양명수 (역)『해석의 갈등』한길사, 2019.〉
〈原題：Paul Ricoeur. Le Conflit des Interpretations. Points, 2013.〉

論文

石井砂母亜「西田哲学における「不可逆」の問題―滝沢克己の西田批判を受けて」、『ルーテル学院研究紀要』No.42、二〇〇九年三月
中島秀憲・富吉建周「ジャン＝ポール・サルトルと滝沢克己」、『九州産業大学国際文化学部紀要』第四四巻、二〇〇九年一二月。

金珍熙「滝沢神学の問題意識について―滝沢の初期の神学論文を中心に」、『基督教研究』第七一巻、二〇〇九年一二月。

芝田豊彦、「フランクルと滝沢における『過去存在』の思想―田辺の〈死の哲学〉との関連で」、『宗教研究』第八二巻、二〇〇八年六月。

芝田豊彦「滝沢克己における『神の呼びかけ』と『神の似像』」、『独逸文学』No.61、二〇一七年三月。

杉田俊介「宗教多元主義思想についての批判的考察―滝沢克己を中心に」、『基督教研究』第六九巻、二〇〇七年六月。

寺園喜基「バルト神学の根本問題」、『西南学院大学学術研究所際文化学部紀要』第一巻、二〇一〇年三月。

福山俊「滝沢克己における不可逆概念の形成過程について」、『宗教研究』第八〇巻、二〇〇七年三月。

水田信「滝沢克己とキェルケゴール──『宗教性』の問題を中心に」、『比較思想研究』第一九巻、一九九二年。

著者紹介

李相寅（イ・サンイン）

一九七九年五月二五日　韓国全羅南道宝城郡生まれ。
二〇〇二年　高麗大学校中退。
二〇〇五年二月　聖公会大学神学科卒業。
二〇〇八年二月　聖公会大学神学専門大学院卒業。
二〇一二年一月　日本聖公会 九州教区に宣教師として派遣。
二〇一二年五月三一日　大韓聖公会 ソウル教区　司祭按手。
二〇二一年三月　九州大学九州大学院地球社会統合科学府　修士課程修了。
現在、日本聖公会九州教区 福岡聖パウロ教会の管理牧師、小倉インマヌエル教会、八幡聖オーガスチン教会の牧師。

キリスト教徒のひとりごと

2021 年 12 月 25 日　発行

著　者　李相寅
発行者　松山　献
発行所　合同会社かんよう出版
〒 530-0012 大阪市北区芝田 2-8-11 共栄ビル３階
電話 06-6567-9539　FAX 06-7632-3039
http://kanyoushuppan.com　info@kanyoushuppan.com
表紙絵　重益　菜保子
装　幀　堀木一男
印刷・製本　有限会社オフィス泰

ISBN978-4-910004-26-6　C0016